班级体验式心理拓展活动100例

全新升级版

张付山　陈燕　著

山东文艺出版社

图书在版编目（CIP）数据

班级体验式心理拓展活动100例 / 张付山,陈燕著.
—济南：山东文艺出版社,2014.4
ISBN 978-7-5329-4460-6

Ⅰ.①班… Ⅱ.①张… ②陈… Ⅲ.①心理辅导—教案（教育）—中小学 Ⅳ.①G479

中国版本图书馆 CIP 数据核字(2014)第 041437 号

班级体验式心理拓展活动 100 例

张付山　陈　燕　著

主管单位	山东出版传媒股份有限公司
出版发行	山东文艺出版社
社　　址	山东省济南市英雄山路 189 号
邮　　编	250002
网　　址	www.sdwypress.com
读者服务	0531—82098776（总编室）
	0531—82098775（市场营销部）
电子邮箱	sdwy@sdpress.com.cn
印　　刷	山东新华印务有限公司
开　　本	710 毫米×1000 毫米　1/16
印　　张	21
字　　数	270 千字
版　　次	2014 年 4 月第 1 版
	2021 年 6 月第 2 版
印　　次	2021 年 6 月第 9 次印刷
书　　号	ISBN 978-7-5329-4460-6
印　　数	31001～36000
定　　价	52.00 元

版权专有，侵权必究。如有图书质量问题，请与出版社联系调换。

全新升级版前言

在中国的学校，有心理健康教育这样一个学科，它能提高学生心理素质，促进学生身心健康发展，为学生的健康成长和幸福生活奠定基础；它是开展德育工作的有力抓手，有力推进着素质教育的进程。

"心理健康教育始终贯穿于教育教学全过程"，这是心理健康教育的终极途径。课堂，永远是学校教育的主要阵地，开设心理健康教育课，无疑是心理教师开展工作最有效的途径之一。心理健康教育不能也不该学科化，不宜作为普及心理学知识和心理学理论的课程，枯燥无味的学科化教育也注定不会得到学生的欢迎。

在心理活动课堂上，针对心理健康教育主题目标的趣味游戏、团体活动、拓展训练，强调每个人的主体参与性，使学生在活动中体验，在体验中感悟，在感悟中成长。又因其兼具一定的游戏性、趣味性、娱乐性、运动性，不仅其教育形式颇受学生欢迎，而且效果非常明显。

本书把这些训练活动统称为心理拓展活动。它有别于一般心理课堂上的知识传授、专题讲座、案例分析、故事解析、问题辨析、情景剧表演等形式，教师事先不出示活动目标，不提前告诉学生这节课要学习什么，而是直接让学生参与到新奇有趣但又有一定挑战性的游戏活动中，在学生亲身体验其中的酸甜苦辣等滋味后，再交流讨论，畅谈体会，分享心得。教师只需组织好活动，给予适当的引领。整个活动过程既没有令人厌烦的说教，又没有使人抵触的训斥，一切都已水到渠成。

　　心理拓展活动，是符合当前新课程改革理念的先进课堂活动形式。心理拓展活动以学生发展为本，突出学生的主体性，强调全员参与。开放型的课堂组织、民主化的师生关系、生活化的亲身体验、发展性的课堂评价、和谐统一的三维目标……无处不流淌着新课程改革的新鲜血液。它弱化学科本位思想，将心理健康教育与大德育整合，加强课程内容与班级生活以及社会生活的联系，倡导学生主动参与、乐于探究、手脑并用，倡导小组合作，在团体动力作用下实现发展、预防、教育三大功能。

　　心理拓展活动，紧扣"助人自助"的宗旨，在活动中能够轻松愉悦地实现教师助人、生生互助、学生自助的目的，具体说来可以实现如下三层目标：（一）使学生体验兴奋、快乐、激动、紧张等情绪，充分宣泄不良情绪，减轻心理压力；（二）在一个个富有挑战性的活动中，主动锻炼、培养学生的各种心理素质与能力；（三）通过拓展情境联系实际，使学生感悟学习、感悟成长、感悟家庭、感悟社会、感悟生活、感悟生命。

　　在当前中国的学校心理健康教育中，这种新型的心理拓展活动尚不普及，且发展极不均衡。相对而言，在一些高校、部分地区的部分中小学开展得较多较好，但还有相当多的地区和学校，要么没有实质性的心理健康教育课程，要么还在传统心理课堂的桎梏中挣扎。其中原因，除了主观认识上的问题外，主要还是受场地设施等硬件和师资能力等问题的制约。

　　这正是本书意在着手破解的问题！

　　针对场地设施等硬件问题，本书所设计的心理拓展活动，舍弃水上、野外、高空等需要特殊器械或场所项目，只选取适合于学校环境下的室内外场地项目。开展这些活动，除个别项目在普通教室也可开展外，一些室内项目通常需要专门的活动室，面积100平方米左右，室内通常只需要配备音响、电脑、投影仪等设备即可；室外项目则根据特定活动情况，选择幽静、安全、宽敞的活动空间即可。活动道具一般比较简单，无须大型特定器械，常用的如水彩笔、纸张、气球、绳子、毯子、眼罩、秒表、呼啦圈等物品即可，且价格低廉，易于采购。

针对师资问题，笔者认为，心理拓展活动指导教师需要学习掌握团体动力学、人际沟通学、人性心理学，以及精神分析、行为主义、体验式学习圈、积极心理学等理论知识基础，需要在熟练运用团体辅导技术的基础上扮演好以下角色：拓展活动的设计策划者，活动流程的组织主持者，必要时的平等参与者，学生的鼓励支持者，分组竞赛时的督导裁判员，交流分享时的引导催化者。同时还需要在准确把握"以生为本""助人自助"的宗旨下贯彻以下操作理念：面向全体学生，突出发展性；以学生为中心，突出主体性；以活动为载体，突出体验性；以小组为单元，突出合作性；肢体、大脑、情感三进阶，突出开放性；真善美为导向，突出生成性。

作为开展学校心理拓展活动的教师指导用书，本书对于上述专业技术能力，没有深奥的理论知识讲解，也无空泛的技术指导，而是精选了最具代表性的100个活动案例，在一个个具体活动中，指导教师如何开展此类活动。其中大部分的活动案例，都明确提供了活动目标、活动准备、学生分组、交流分享等内容，并重点详细描述了完整活动流程、教师组织活动的建议与说明，可使作为读者的心理教师、班主任或辅导员等教育工作者，能够读下来就想试一把，拿过来就能用得上，开展起来就能见效，坚持下来就会局面大开。

在马背上学会骑马，在水里学会游泳，在车上学会驾驶，在空中学会飞翔。《班级体验式心理拓展活动100例（全新升级版）》，帮助您在实践中逐渐成长为专业的心理拓展培训师。

在能够把本书中100个活动案例探索尝试、活学活用的基础上，你就可以自行设计策划心理拓展活动了，其中需要注意的是：准确把握拓展项目的心理教育意义，确保学生活动的安全，增强活动的趣味性和体验性，选择合适的活动强度和难度，保证在学校现有条件下的可操作性，活动内容必须符合学生年龄特征。

在能够把本书中100个活动案例探索尝试、活学活用的基础上，你就可以自如地组织心理拓展活动了，其中需要注意的是：拓展活动只是团体训练的催化剂，是手段不是目的；不能为游戏而游戏，不能为活动而活动，不能为练习而练习；练习的真正意义在于讨论与交流，互相反馈才是最为重要的；训练的重点不是完成活动任务，而是让大家在体验活动之后有所感悟与收获。

本书问世8年以来，受到了专（兼）职心理教师、班主任、辅导员、培训师、学生家长的热烈欢迎。根据当前最新的教育发展趋势，为更好地培养学生发展核心素养，结合读者反馈信息，笔者对本书内容作了修订，删除了21个相对老套的活动，新增加了与时俱进的21个案例，并对部分案例做了替换和修改，最终形成了2021年全新升级版。

本书旨在修建一座桥。桥的意义不仅仅是使你可以自主地从此岸到达彼岸，而是希望你可以走向更远更美的地方。

祝愿更多的读者朋友在本书的指导下，把心理拓展活动引入学校心理辅导课堂等阵地，在获得学生欢迎、教师支持、领导认可的基础上，让心理拓展活动这一有趣有效的活动形式，逐步走出小圈子：从班内走向班外，从学生走向教师，从校内走向校外，从教育走向社会……

张付山
2021年元月

目 录

第一辑 心理小游戏、小活动例举

第一单元 团体热身游戏活动例举

例 001　点名报到 / 3

例 002　顺序排队 / 4

例 003　张老师说 / 6

例 004　大风吹 / 7

例 005　颠三倒四、七上八下 / 8

例 006　口香糖 / 9

例 007　唱反调 / 10

例 008　反转出拳 / 11

例 009　大小西瓜 / 12

例 010　五官科 / 13

例 011　水果蹲 / 14

例 012　照镜子 / 16

例 013　开心按摩操 / 17

例 014　风雨变奏曲 / 19

第二单元　其他简单游戏活动例举

　　例 015　彩蝶恋花／21

　　例 016　马兰花开／24

　　例 017　硬币高塔／26

　　例 018　阶梯拍手／28

　　例 019　我说你听／30

　　例 020　空拳实拳／32

　　例 021　最棒表达／34

　　例 022　精彩旅程／35

　　例 023　黄粱美梦／37

　　例 024　异掌同声／38

　　例 025　亲亲一家／40

　　例 026　团队节拍／41

　　例 027　放飞祝福／43

第二辑　身心拓展训练活动例举

第三单元　重点主题拓展活动例举

　　例 028　组徽组歌——归属、凝聚／47

　　例 029　导盲之旅——信任、互助／51

　　例 030　风中劲草——承诺、责任／55

　　例 031　同心横杆——齐心、内省／59

　　例 032　顺序翻牌——沟通、策略／63

　　例 033　传球比赛——群策、创新／66

　　例 034　蒙眼投球——分工、流程／70

　　例 035　井然有序——秩序、谦让／73

例 036　破解乱网——破困、信心/ 77

例 037　人体悬浮——潜能、奇迹/ 81

例 038　团圆坐走——坚持、毅力/ 85

例 039　牙签接力——细心、抗扰/ 88

例 040　盲人布阵——沟通、计划/ 92

例 041　穿越丛林——理解、友谊/ 96

例 042　纤夫拉船——挫折、理解/ 100

例 043　蜈蚣翻身——感恩、付出/ 104

第四单元　综合主题拓展活动例举

例 044　跳行长蛇/ 108

例 045　孤岛护宝/ 111

例 046　履带战车/ 115

例 047　精神高塔/ 118

例 048　翻转树叶/ 121

例 049　平起平坐/ 124

例 050　穿越雷区/ 127

例 051　运送弹药/ 130

例 052　交通堵塞/ 135

例 053　不倒森林/ 139

例 054　小舟摆渡/ 142

例 055　月球行走/ 145

例 056　横爬云梯/ 148

例 057　超级俯卧撑/ 151

例 058　泰坦尼克号/ 155

第三辑　交流互动探索活动例举

第五单元　交流互动活动例举

　　例 059　人名速猜 / 161

　　例 060　个性名片 / 165

　　例 061　异性人缘 / 169

　　例 062　老师您好 / 173

　　例 063　优点轰炸 / 177

　　例 064　合作拼图 / 180

　　例 065　数字传递 / 184

　　例 066　心理竞买 / 188

　　例 067　学科推介 / 193

　　例 068　找出卧底 / 197

　　例 069　黑色数字 / 200

　　例 070　心理选美 / 204

第六单元　心灵探索活动例举

　　例 071　回顾与展望 / 209

　　例 072　征友启事 / 213

　　例 073　生命一线 / 217

　　例 074　心海遇险 / 222

　　例 075　舞动学风 / 226

　　例 076　理解父母 / 230

　　例 077　魔鬼2022 / 234

　　例 078　走出圈外 / 240

　　例 079　红黑对决 / 243

　　例 080　查漏找缺 / 246

　　例 081　孤岛求生 / 250

第四辑　学校心理拓展活动方案例举

第七单元　班级心理拓展活动方案例举

例 082　有你有我 / 259

例 083　排除干扰　加油学习 / 263

例 084　班级团结一家人 / 267

例 085　有效沟通 / 270

例 086　人非圣贤　孰能无过 / 275

例 087　成长之路 / 279

例 088　我能行 / 284

例 089　天下父母一样亲 / 289

第八单元　校内外心理拓展活动方案例举

例 090　中学生心理拓展活动方案 / 295

例 091　中职生心理拓展活动方案 / 297

例 092　大学生心理拓展活动方案 / 300

例 093　青年教师心理拓展活动方案 / 302

例 094　幼儿园园长心理拓展活动方案 / 304

例 095　中小学校长心理拓展活动方案 / 306

例 096　医护人员心理拓展活动方案 / 308

例 097　报社员工心理拓展活动方案 / 310

例 098　企业干部心理拓展活动方案 / 313

例 099　心理培训师心理拓展活动方案 / 316

例 100　青少年夏令营心理拓展活动方案 / 320

后　记 / 322

第一辑
心理小游戏、小活动例举

心理小游戏、小活动在实施中通常无需分组，或只需简单分组，在室内外均可开展，只要有足够的活动空间即可。

本辑中只精选了少量经典的心理小游戏、小活动，分两部分：一是团体热身游戏活动，多用于训练的热身和过渡阶段；二是其他简单游戏活动，可根据情况灵活应用于训练的特定阶段。

第一单元
团体热身游戏活动例举

例 001　点名报到

 **活动目标**

使学生高度集中注意力，促进同学之间相互熟悉。

 **活动流程**

1. 全体同学围坐成一圈，左右邻居之间相互熟悉。
2. 教师任点一位同学的名字，该同学要坐在原地大声喊"到"，同时他的左右邻居要立即站起来。
3. 刚才被点到名字的同学，再任意点另外一位同学的名字，新同学要快速站立，同时他的左右邻居也要立即站起来。
4. 如果有人出错，出错的同学要站起来把自己和左右邻居的名字介绍给大家。

 建议与说明

1. 这个游戏尤其适合于新班级同学彼此之间还不是太熟悉的时候。
2. 游戏进行一段时间后，可以随机排列学生位置，再继续进行。
3. 如果要增加游戏难度，可以把需要站立起来的同学扩大到左右各两名甚至三名，还可以要求作为左右邻居站立起来的同学，把靠近被点名者的那只手臂高高举起来。

例002 顺序排队

 活动目标

拉近同学间的身心距离,体验共同承担责任的感觉。

 活动流程

1. 教师事先在场地上画足够长的一条线,请大家随机站到这条线上,排成一队。

2. 要求每个人在一只脚不离开这条线的前提下,通过移动位置,使全班同学的队列按照身材高矮排列。

3. 上轮活动完成后,教师再要求分别按照下列顺序继续进行排队游戏:男女最大程度交叉、每人生日大小顺序、姓名拼音首字母排列顺序等。

建议与说明

1. 活动场地的这条线，可以是用笔画的，也可以是一条长绳，还可以是指定的地砖缝等。这条线可以是直的，也可以是弯曲的。

2. 如果想缩短活动时间，可以指任一名班干部在队列外指挥。

3. 对于在游戏中双脚都离开线的同学，教师可以罚他单腿站立1分钟。

4. 每次排队任务完成后，教师都要进行检查核实，发现有出错的，要请出错者及其邻居两人一起出来表演节目。

例 003　张老师说

集中注意力，活跃气氛，体会认真倾听的意义。

1. 组织学生围站成一个大圆圈。
2. 教师讲解规则：教师将会下达一些动作指令，当这些指令前有"张老师说"这四个字时，大家就需照着指令做；没有这四个字时，大家要保持原姿势不动。
3. 教师宣布游戏开始，随机下达一些动作指令，例如蹲下、站起、举双手、抬左脚等等，并随机在这些指令前添加"张老师说"。
4. 宣布游戏结束。

1. 此活动的名称并非固定，假如带领大家做游戏的老师姓王，就可以叫作"王老师说"。
2. 教师讲解规则后，最好先带领大家试做一次，等所有同学都明白游戏规则后，再宣布游戏正式开始。
3. 在游戏过程中，难免会有些同学因为注意力不集中而出现失误，此时会引发同学们的哄笑，这有利于营造轻松、愉悦的团体氛围。

例 004 大风吹

 **活动目标**

体验紧张与兴奋的感觉,集中注意力,活跃气氛。

 **活动流程**

1. 全体同学每人一个座位,围坐成一圈。教师任意抽走一个同学的座位,并请这位同学站在圈中央。

2. 当中间同学喊"大风吹"时,同学们齐声问"吹什么",然后他就喊出部分同学共有的一个明显特征,例如穿黄色上衣的、戴眼镜的、戴手表的等等。

3. 不具备这些特征的同学坐在座位上不动,具备这些特征的同学要立即起身抢坐其他人的座位,站在中间的同学趁机找一个空位坐下。

4. 没有抢到座位的同学站到圈心,主持大风吹,继续游戏。

 建议与说明

游戏过程中可以随机打乱学生的位置,避免彼此熟识的学生扎堆,为后续活动做好铺垫。

例 005 颠三倒四、七上八下

集中精力,制造笑点,活跃气氛。

1. 全体同学每人一个座位,围坐成一圈。

2. 教师讲解规则:自起始人开始依次报数,数字从 1 到 8 重复循环,同时要求,数字 2 后面依次是 4、3,即"颠三倒四";报数字 7 的人在报数的同时要站起来,报数字 8 的人在报数的同时要蹲下去,即"七上八下"。

3. 教师指定起始人和顺序方向,依次开始按照规则报数。出错的人要立即更正过来。

1. 如果有同学出错但没有立即意识到,教师要及时叫停,请该学生更正后再继续游戏。

2. 同学每出现一次失误,通常都会伴随一阵欢笑声,教师可以借此引领同学们认识到,只要按照要求认真去做,无论结果怎样,对集体都是一种贡献。

3. 也可以请出错的同学表演一个小节目。

例 006　口香糖

活动目标

拉近同学间的身心距离，活跃气氛。

活动流程

1. 班干部先统计学生人数，如果是单数，则教师不参与游戏，可任意指定一名同学做发令员；如果是双数，则教师参与游戏，并由教师做发令员。

2. 发令员大声喊"口香糖"，其他人则齐声询问"粘什么"，发令员大声回答身体的某个部位，比如"粘后背"，则包括发令员在内的每个人必须迅速找到另外一个人，将两个人的后背"粘"在一起。

3. 最后会有一个人无法找到同伴，则这个人自动变成发令员，继续游戏。

建议与说明

1. 通常像"粘鼻子""粘脑门""粘屁股"等指令可以极大地活跃气氛。

2. 注意：教师在开始的时候要声明，像"粘嘴唇""粘胸部"等指令是被禁止的。

3. 活动中，在指令是"粘耳朵""粘肩膀"等时，会出现三个人"粘"在一起的现象，这代表着团结与变通，发令员可判定为不违规。

例 007　唱反调

 **活动目标**

体验紧张与兴奋的感觉，集中注意力，活跃气氛，认识习惯的重要性。

 **活动流程**

1. 全体同学分成两个队列，面对面站立。每个队列内所有成员之间保持适当间隔。

2. 教师讲解规则并示范：老师会下达一些动作指令，要求同学们做出与指令相反的动作，例如：要求"稍息"学生就立正，要求"蹲下"学生就站起来，要求"向左转"学生就向右转，要求"向后转"学生就保持原地不变，等等。

3. 教师宣布游戏开始，下达动作指令，同学们做出相反动作。

4. 可请出现失误的同学表演一个小节目，或做 5 个俯卧撑。

  建议与说明

1. 教师如果与学生一起参与游戏，则能够营造一种平等、融洽的班级氛围。

2. 把全体同学分成面对面的两个队列，是为了尽量让每个人都能看到其他人的表现。

例 008　反转出拳

 活动目标

集中注意力,锻炼手脑协调性,活跃气氛。

 活动流程

1. 每两人一组开展游戏。

2. 教师讲解游戏规则:此次"石头－剪刀－布"出拳游戏,不比谁能够赢过谁,只比你出手对不对。当听到某一种指令时,游戏者要迅速用双手比画出另外两种不同的拳法。例如,听到教师发出的指令是"石头",游戏者要立即一手出"剪刀",另一手出"布"。

3. 游戏中的对答台词是:(师)石头剪刀布呀——(生)反转出呀——(师)做准备呀——(生)哪一个呀——(师发出指令)。

 建议与说明

学生在游戏中表现得快慢与对错是次要的,教师要引领大家感受其中的乐趣,特别是出拳错误时、改来改去仍不对时、左右手不协调时给自己和他人带来的乐趣。

例 009　大小西瓜

锻炼口手反向协调能力，活跃气氛。

1. 全体同学围成一圈。
2. 自某一位同学开始，依次交替喊"大西瓜""小西瓜"。要求口中喊"大西瓜"时，要用双手比画"小西瓜"的大小；口中喊"小西瓜"时，要用双手比画"大西瓜"的大小。
3. 出错或出现明显停顿的视为失败，该同学退出游戏。
4. 直到全班只剩最后几名同学为止，游戏结束。

1. 一旦有人出现错误，在下一位同学需要再次开始时，教师可作为他的上一位同学，随口喊"大西瓜"或"小西瓜"，请他往下接。
2. 游戏也可不执行失误者退出规则，而是在游戏结束时，让失误较多的几位同学为大家表演节目。
3. 在用双手比画西瓜的大小时，要求动作要夸张，不可半大不小，也不可临时更改。

例 010 五官科

 活动目标

集中注意力,锻炼反应能力,活跃气氛。

 活动流程

1. 每两人为一组,面对面站或坐好。

2. 教师带头问:"五官在哪里?"所有人同时依次指着自己的五官回答:"耳、眼、鼻、口、舌。"然后小组中一人任意指着自己的一个部位(例如鼻子)问:"这是什么?"同伴要立即回答:"这是鼻子!"但同时他的手要指向鼻子以外的任一五官。

3. 每轮游戏中的四句话,第一句由教师问,第二句由所有同学一起回答,第三句由小组内两位同学交替问,第四句则由其同伴回答。

4. 出错的同学要被同伴用中指或食指背部刮鼻子尖一下。

 建议与说明

1. 为了游戏的需要,这里的五官与医学上的五官并不完全相同。

2. 所有同学在回答老师时,依次指出五官名称,顺序可不做要求。

3. 许多学生在游戏中手忙脚乱的样子,可以引起大家捧腹大笑。

例011 水果蹲

建立彼此间的友谊与信赖,形成集体意识,活跃气氛。

1. 全班分为若干组,每组全体成员手拉手站成一圈,每组选定一位队长。

2. 每组选择一种水果作为本组的代号,但各组代号不能重合。

3. 教师讲解游戏规则并示范:轮到某一组时,该组要齐声高喊口诀并跟随节奏反复蹲下再起立。如果该组是苹果组,其口诀就是:苹果蹲,苹果蹲,苹果蹲完香蕉(其他一组的代号)蹲。

4. 教师指定从某组开始游戏,被喊到的小组必须立即接上。蹲错或者反应迟钝的小组要罚多做一遍。

建议与说明

1. 随着对游戏规则越来越熟悉,以及队员之间逐渐默契,游戏节奏要越来越快。

2. 可以要求每组喊到的接龙小组,不能是之前喊到本组的那个小组,以防止游戏只在这两个小组之间反复。

例 012　照镜子

拉近同学间的身心距离,敢于创新,活跃气氛。

1. 教师和全体学生围站成一个圆圈,彼此间隔一臂的距离。
2. 教师讲解规则并示范:从教师开始,每人依次做出一个招牌动作,其他所有人做他的"镜中人",即同时做出同样的动作。
3. 播放背景歌曲《我爱洗澡》。
4. 学生按照规则进行游戏,教师与学生一起参与活动,共同体验游戏的快乐。

1. 游戏规则也可以调整为:事先找一些学生喜欢的节奏性强的时尚歌曲,截取高潮部分,拼接在一起组成串烧歌曲,其中的每一小段歌曲由一人负责创意舞蹈动作,其他人作为"镜中人"跟着学。
2. 有些同学可能会因为害羞、胆怯等情绪而导致游戏卡壳,影响活动气氛,因此教师也可根据需要只挑选部分同学站在前台,依次"照镜子"做动作,其他人作为"镜中人"跟着学。
3. 此活动要求"照镜子"的同学动作尽量夸张、形象,显出个性,其他同学在模仿时也要做到位,才能够达到更好的效果。

例013 开心按摩操

放松身体,活跃气氛,体会助人与被助的快乐,学会表达感恩。

1. 全体学生肩并肩围成圈站立,集体向右转,呈前后站立队形,双手搭在前人的双肩上。

2. 教师有节拍地吟诵歌诀,教师每吟诵一句,同学们就跟着重复一句,并且按照句中指令去做。吟诵歌诀:"走起来呀走起来/往前走呀往前走/捏捏你的头呀/学习不用愁呀/揉揉你的肩呀/快乐似神仙呀/捶捶你的背呀/学习不会累呀/掐掐你的腰呀/成绩步步高呀!"

3. 做完一遍后,全体向后转,还是双手搭在前人的双肩上,真诚地对他说:"你辛苦了,谢谢你!现在我来为你服务。"

4. 教师带领,重复刚才的歌诀和动作。

建议与说明

1. 活动中教师带领吟诵歌诀时要有节奏感，不要过快或过慢。

2. 教师要提醒学生为他人提供按摩服务时力度适当，要以对方感到舒服为宜。

3. 歌诀中掐腰环节一定要放在最后，因为许多同学会感觉被触到易发笑的敏感部位，大笑不止并且会乱了队形。

例 014　风雨变奏曲

 活动目标

活动肢体，集中精力，愉悦心情，活跃气氛。

 活动流程

1. 全体学生面向前台站好，彼此之间保持一定间隔。

2. 教师讲解并示范每种风雨状态时的标准动作：刮风——两手掌摩擦；下小雨——双手打响指；下大雨——双手鼓掌；下暴雨——鼓掌并跺脚；风雨停了——用一手食指放于嘴前向左右两边人示意；彩虹出来了——双脚原地踏步，双手十指伸展，自胸前慢慢上升到头顶，再从两边慢慢呈弧状降下来。

3. 学生在教师口令带领下集体用动作"演奏"风雨变奏曲：刮大风了——下小雨了——下大雨了——下暴雨了——变为大雨了——变为小雨了——风雨停了——彩虹出来了。

 建议与说明

1. 在下小雨的时候，可以请大家闭上眼睛来用心聆听雨滴的声音，很形象、浪漫。

2. 用动作来"演奏"风雨变奏曲，经历由风雨到晴朗的过程，特别是最后彩虹的动作设计，可以使学生的身心得到舒展和愉悦。

第二单元
其他简单游戏活动例举

例 015　彩蝶恋花

 **活动目标**

关爱同学，欣赏他人，增强自信，完善自我。

 **活动流程**

1. 分配"花朵"与"蝴蝶"

（1）请大家彼此之间尽量拉大距离，发给每人一支笔和一张小纸片，请每人清晰写下自己的姓名，折叠一下收上来。

（2）把大家写的姓名纸按座位区域分为两部分，每一个区域的姓名纸片由另一区域的学生随机抽取，抽取后悄悄打开，记住上面的姓名，然后收上来。

（3）由教师告诉大家：你抽到的这位同学，是你的"花朵"，而你是他的"蝴蝶"，你要在接下来的一个月时间里，时刻默默地关注、支持、帮助、欣赏你的"花朵"，但要注意保密，不要告诉其他人，更不要向你的"花朵"泄露你的身份。

2. 即将揭晓前要求学生在课下完成作业

为你的"花朵"写一封嘉许信，表达对他（她）的欣赏、赞美与祝福。嘉许信落款要写自己的真实姓名，但起首语（开头称呼）一律写"最棒的花朵"。请课代表在下次辅导课前收起来交给老师。

3. 揭秘"花朵",进行自我欣赏性演讲

(1) 学生围坐成"U"形,教师手拿大家写给"花朵"的嘉许信,坐在"U"形开口处。

(2) 教师从嘉许信中每次任意抽取一张,清晰地读出来,但暂不公布本信的作者(蝴蝶)的姓名,请大家猜猜受嘉许的这位"花朵"会是谁。

(3) 请"蝴蝶"揭晓"花朵"姓名,请"花朵"起立上前表达对一直在默默关注、支持自己的"蝴蝶"的感谢。

(4) "花朵"进行自我嘉许时,其他同学要尊重,要认真倾听,适时用掌声来鼓励"花朵",在演讲完毕后可给予补充。

 建议与说明

1. 本活动不是在一堂活动课上就能完成,时间跨度通常是一个月或一学期。过程中每次上心理课,教师都要提醒同学们作为"蝴蝶"要在课上课下时刻多多关注、支持、欣赏你的"花朵",并注意保密。

2. "花朵"与"蝴蝶"的角色随机分配,目的是让学生在辅导课堂内外都能关心、鼓励、支持、欣赏他人,形成人人既在关注他人又在被他人关注的氛围,从而催生学生的更多正能量表现。

3. 同学们交上来的嘉许信，教师要提前读一遍，不合适的内容要修改或删除，防止因个别"蝴蝶"的不认真和不负责任而给受嘉许的"花朵"带来不良影响。

4. "花朵"在台上进行自我嘉许时，可以说自己被"蝴蝶"嘉许的内容，也可以说自己的优点，要求至少说够 5 条。如果短时间内说不够，则请全班同学对其进行优点"轰炸"，然后请他自己补充完毕。

5. 同学们相互写的嘉许信，也可以张贴在各班教室的墙上，供大家相互欣赏和激励。

例 016　马兰花开

 **活动目标**

放飞身心，拉近同学间距离，活跃气氛。

 活动流程

1. 教师站在场地中央，全班同学以教师为圆心围成一大圈。

2. 全班同学呈同一时针方向有节奏地走动起来，同时跟随步伐节拍口中齐声吟诵："马兰花，马兰花，风吹雨打都不怕，请问要开几朵花?"教师大声回答"5朵花"，那么大家就赶快任意5个人抱在一起，组合不符合要求者和落单者要轻轻蹦跳10下。

3. 同学们快速返回原来位置，游戏进行下一轮。

4. 第二阶段，要求每个"花朵"组合内必须有男有女，否则不符合要求。可进行多次游戏。

5. 第三阶段，根据班级男女的比例，教师对每个花朵组合内男女的比例提出要求，如果出现了"浪费组合"，则全班都不符合要求。可进行多次游戏。

6. 在上述第三阶段的最后一轮，教师喊出适合学习小组分组的花朵数量，据此将全班分为合适的几个小组，到教师指定的区域坐下。

建议与说明

1. 此活动将热身游戏与随机分组有机结合起来,在这一热身游戏结束时将全班学生随机分为几个小组,且男女性别分布均匀。

2. 热身组合活动中,不符合要求者和落单者要轻轻蹦跳10下,但不宜直接称为惩罚。教师最好也陪他们一起蹦跳,要防止形成学生为逃避惩罚而情绪过于紧张,以及在热身游戏中恶性竞争的局面。

3. 在游戏中,学生可能会在缺人时勇敢地把教师请进"花朵"组合中,这属于大团队观念,应给予鼓励。

例 017　硬币高塔

 活动目标

相互鼓励支持，凝聚团体力量。

 活动流程

1. 全体同学分为若干个小组，每组 5—8 人。

2. 给每组足够多的硬币，进行硬币叠加，每人每次只能添一枚硬币，每人依次轮流进行，但已经叠上去的硬币不许再去触碰。全组争取把硬币高塔叠得更高。

3. 每个小组在一分钟之内把尽多数量的硬币叠成一摞。如果中途出现硬币高塔倒塌则计时结束，以当前硬币数量计入成绩。

4. 在初步练习之后，各组同时进行比赛，看哪组在规定的时间内叠起来的硬币数量最多。

建议与说明

1. 硬币宜选用壹元硬币，通常每组50枚足够。

2. 游戏变通：可以多开展几轮，最终取各组最好成绩；假如中途硬币高塔倒塌，只要比赛规定的一分钟时间未到，可以重新堆叠，以计时结束时的硬币数量为准。

3. 每组总会有一位或几位成员成为全组的短板，叠放时位置不正甚至是造成倒塌，其他成员如何对待这些组员，正是本游戏活动交流探讨的焦点。

例018 阶梯拍手

使学生高度集中注意力，将个人融入集体，催生集体感。

1. 全体同学可坐或站，队形不限。

2. 教师讲解规则并示范：全体同学整齐而有规律、有节奏地拍手，拍手规律由渐进的若干个阶梯组成，每一组的数字均为由小到大再到小，例如1，121，12321，1234321，数字是几就拍手几下。不允许任何成员出现拍快、拍慢、拍错、不拍现象。成功拍完较低阶梯的数字组合，才能进入高一级阶梯。

3. 同学们可选代表站出来指挥，充分练习后，看能够冲进第几阶梯。比赛进行若干轮，冲刺挑战新高度。

建议与说明

1. 教师最好在黑板上（或用投影仪）写清数字阶梯规律（如1，121，12321，1234321，123454321，……），做好示范，并带领大家练习前几拍，以使大家都能够掌握规律和节奏。

2. 如果现场人数较多，可以将学生分为若干个小组分别开展，彼此竞争。通常说来，小组成员人数越少，难度越小，越容易冲刺到更高阶梯。

3. 教师要做好监督，或者请其他小组观摩并监督，如果出现违规，则要求该小组重新再拍本阶梯。

4. 活动变通：比赛时可以要求每位成员不许讲话；比赛的竞争标准可以是成功拍完某阶梯所用的时间，也可以是规定的几分钟时间内完成的阶梯高度。

例019 我说你听

活动目标

体验尊重性倾听对诉说者的影响。

活动流程

1. 每两人组合为搭档，全班分成若干个二人小组，每组成员分为甲、乙两角色，两人面对面近距离坐好。

2. 教师请所有甲同学离开搭档，共同走到室外，布置给他们一个任务：请想一个搭档感兴趣的话题，并组织4分钟的口头语言，准备讲述给搭档听。

3. 甲同学在场外为话题讲述做准备的时间里，教师对场内的乙同学悄悄布置一个任务：甲同学将向乙同学说话，时间为4分钟，乙同学在前两分钟不要认真倾听，要表现出心不在焉的样子；后两分钟则要专注凝神倾听，并做适当合理回应。

4. 请每组甲同学回到各自的座位。提醒各位扮演好各自的角色，宣布4分钟计时开始。

5. 活动结束后，公开揭晓教师给甲、乙两角色的任务及要求。

6. 请甲、乙同学分别谈谈这一过程中的感受和领悟。

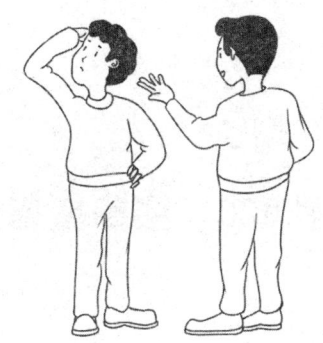

 建议与说明

1. 请甲同学准备讲述的话题,假如甲感觉有困难,教师可以提示说只要搭档感兴趣就好,无论是亲身见闻,还是离奇故事,抑或班级秘密等等均可。

2. 教师可以事先跟每组乙同学约定:在两分钟时,以某种特定的暗号提醒乙同学现在到了改变倾听方式的时刻。

3. 游戏活动中,甲同学在前两分钟中可能会存在由于乙同学没有认真倾听而去强拉硬拽甚至放弃讲述的现象,只要不过分,教师可以不去干预,这正是本活动中两人均投入角色的表现。

例 020 空拳实拳

活动目标

使学生体验时间紧迫感,学会为自己的决定负责。

活动流程

1. 将全体学生分为两组,每组选派一位同学到另一小组前台位置,每组其他同学在距离前台 5 米的起点线后站成一列。

2. 教师交给前台位置的每位同学各一枚硬币,这位同学把硬币放到任意一只手心,然后双手握拳平伸到身前。

3. 每组起点线上第一位同学快速跑到前台,猜硬币藏在哪只拳头里。如果猜中了,迅速跑回队伍,与下一位同学击掌后排列到队尾,下一位同学继续跑到前台来猜;如果没有猜中,要先跑回起点线,再迅速跑到前台重新猜,直到猜中。

4. 不管是否猜中,只要被猜过一次,前台同学就可以任意更改硬币藏在哪只手中。

5. 直到小组所有成员都成功猜中一次,游戏结束,看哪个小组率先完成。

建议与说明

1. 比赛的内容也可以是在规定的时间里看各组有多少人次成功猜中。

2. 如果班级人数较多，也可以多分几个小组，也可以重复体验。

3. 有时上前来猜的同学会用手拍打自己要猜的那只拳头，这样会使游戏更刺激。只要拍打不太用力，教师不必干预。

例 021 最棒表达

活动目标

凝聚团队,增强自信,提振士气,活跃气氛。

活动流程

1. 请学生列举表示"最棒"的符号或手势。

2. 教师讲解游戏规则:将全班同学按合适比例分组,各小组用其成员的身体,设计本组对于"最棒"的独特表示方式。

3. 给各组充分的时间进行设计、修改和完善。

4. 各组依次进行展示。

5. 请各组讨论后,选派代表说明为什么自己小组的表达是最棒的。

建议与说明

1. 以肢体(如队形、姿势、手势等)表达为主,允许配合文字或声音。

2. 根据班级人数,可以分组开展,也可以全班一起进行。

3. 游戏进行时,可以现场拍照或录像,保留住这些美好的时刻。

例 022　精彩旅程

培养学生创新能力,敢于展示自我,活跃气氛,释放压力。

1. 用两排凳子摆出一条长约 4 米的通道,由几位班干部分别来做起点助手和终点裁判。

2. 教师讲解游戏规则:每个人依次由通道一端"旅行"到另一端,不能借助自身以外的任何道具,要求通过方式富有个人创意,要和其他同学的通过方式不能相同,如有相同须返回重做。

3. 一个人进行精彩旅程游戏时,请其他同学认真观察,相互欣赏鼓励。教师播放动感音乐,并引领大家适时鼓掌与喝彩。

1. 如果学生人数较多,也可以用三排凳子摆出相邻的两个通道,学生可以在任何一个通道"旅行",但通过方式不能与任何一个通道中其他同学的通过方式相同。

2 有部分学生可能有些放不开,表现为创造力不够,想不出或不敢尝试用新方式过关,教师要发动同学们多加鼓励。

3. 如果时间允许，可以把这个活动多做几轮。最后一轮时要求异性组团来做，能够更好地实现活动目标。

4. 在每位学生成功进行精彩旅行后，教师最好也用新奇、开放的方式走一遍，有助于活跃气氛，营造师生平等的氛围，拉近师生之间的距离。

例 023　黄粱美梦

让学生体验阴差阳错、荒诞离奇的感觉。

1. 请每个人想一个包含数字（包括百、千、万、亿等）或方位（例如东、西、南、北、前、后、左、右、上、下等）的成语，并依次说出来，但不能与他人的成语重复。

2. 教师讲解规则并示范：每个人轮流做主角，轮到谁做主角时，谁就站出来面对大家大声说："昨夜真高兴！"其他人齐声问："为什么？"主角回答："酣然入梦时……"其他人齐声问："怎么啦？"主角回答之前说出的那个成语。

1. 对答台词第一句中的"高兴"，既可以由教师统一改为其他表达情绪的词汇，也可以由主角根据自己的成语，改为适当的情绪词汇。

2. 主角前面的情绪词汇，与自己回答"酣然入梦时"那句的成语的乱搭，常会引起大家的奇妙联想，使人觉得阴差阳错、荒诞离奇，令人捧腹大笑。

3. 假如参与游戏的是业已成年的社会人员，可以把对答台词中的"酣然入梦时"，改为"洞房花烛夜"，会产生更强烈的喜剧效果。

例 024　异掌同声

集中注意力，培养同学之间的默契，增强班级凝聚力。

1. 教师带领大家学会根据节奏数数、鼓掌。节奏是"123、123、1234567、耶！"每一个数字要鼓掌一下，喊"耶"时则双手手指呈"V"形，并且向上伸展双臂。

2. 第一轮，全体同学一边数数一边鼓掌，连续做三遍。

3. 第二轮，全体同学只鼓掌不许数数，连续做三遍。

3. 第三轮，全体同学既不许鼓掌也不许数数，只能在心中默数节奏，但最后要能够整齐地喊出"耶"并做出相应的动作，连续做三遍。

建议与说明

1. 上述游戏过程中可以不分组,全班学生一起做,可以培养班集体的团队意识,提高凝聚力。

2. 也可以把全班学生分为若干个小组,按照每轮的要求,各组依次接龙,每轮每组只做一遍即可。

3. 节奏中的数字还可以替换为有积极意义的语言,例如:"某某班,某某班,我们班级最厉害,耶!"

例025 亲亲一家

 活动目标

打破人际坚冰,促进团队团结,增强成员亲密感。

 活动流程

1. 教师请各组全体成员反复大声回答:你们小组团结吗?你们小组是亲密一家人吗?

2. 教师讲解游戏规则:用各自小组全体成员的身体,设计创意出各自小组的独特表达方式,来表达本小组是亲密一家人。

3. 给各组充分的时间进行设计、修改和完善。

4. 各组依次进行展示。

5. 请各组讨论后,选派代表说明为什么自己小组的表达最能体现亲密感。

 建议与说明

1. 以肢体(如队形、姿势、手势等)表达为主,允许配合文字或声音。

2. 根据班级人数,可以分组开展,也可以全班一起进行。

3. 游戏进行时,最好现场拍照或录像,保留住这些美好的时刻。

例 026　团队节拍

活动肢体,活跃气氛,提升信心,凝聚人心。

1. 全体学生站成一圈,所有人面向圆心。
2. 教师示范并讲解规则:8 轮后要最终喊出"我们是最棒的团队"这 8 个字。第一轮只喊第一个字,第二轮喊前两个字,依次类推。喊的同时配合动作:第 N 轮就是先每人弯腰拍手 N 下,同时齐声高喊"1,2……N"喊前 N 个字。
3. 学生按规则活动。完成后要饱含激情地高高跃起,两臂伸展,手指呈"V"形,同时口中大喊"耶——"

建议与说明

1. 如果场地有限,也可以组织学生站成大小不等的几个同心圆,教师要站在圆心。

2. 提醒相邻学生之间距离不可过大。

3. 在做完前四轮后提醒学生可以适当加快速度,这样更有助于在结束时获得更饱满的激情和更高昂的士气。

4. 此活动也常用来作为团体辅导的结束活动。

例027 放飞祝福

使学生相互鼓励与祝福,珍惜彼此情感。

1. 每人在一张彩纸上写下对他人的祝福语,祝福语可以针对某个人、某些人或者是全班同学,但是不要写出对方的名字。
2. 写完后将纸折成飞机在全场放飞。
3. 每人将飞到自己身边的纸飞机捡起并打开阅读,并继续在此纸上写下祝福语或给予回应,然后再次放飞它。
4. 最后一次放飞时,全班在教师的带领下,向着团体辅导室上空同时用力放飞,并同时高高跃起和欢呼。

1. 每位学生的彩纸是单色的,但全班学生的彩纸需要是五颜六色的。
2. 祝福语会经历多次阅读、传播和回应,美好的祝福回荡在整个活动室内,效果持久,能很好地渲染气氛。

第二辑
身心拓展训练活动例举

身心拓展训练活动在实施中通常需要分组开展，室内外均可进行，只要有足够的活动空间即可。

本辑中，身心拓展训练活动分为两部分：一是主题较为集中的重点主题拓展训练活动，多用于主题目标明确的辅导环节；二是以团队合作为基础的综合主题拓展训练活动，根据辅导意图可任意强调其中的一两个或多个训练目标。

第三单元
重点主题拓展活动例举

例028 组徽组歌——归属、凝聚

 **活动目标**

1. 建立学生的小组归属感,增强小组凝聚力。
2. 增进小组成员之间的团结,增进同学之间的友谊。
3. 培养学生创新意识。
4. 调动学生参与心理活动的激情。

 **活动准备**

白纸若干张,4开素描纸1张/组,铅笔,橡皮,水彩笔。

 **学生分组**

分为每组8~10人的若干小组。

 **活动流程**

1. 拟创组徽组歌

(1) 教师布置组徽设计要求:各组成员共同讨论确定组徽的整体构思,将草图画到白纸上。组徽要有积极丰富的内涵,能体现小组的特色。

(2) 教师布置组歌创作要求:各组成员共同讨论确定组歌,组歌的

创作可以先选定一段比较熟悉的旋律，在此基础上适当改编歌词作为小组的组歌。组歌可以是一首歌的一段，也可以进行"串烧"。歌词要积极健康向上，歌曲要体现小组的特色，将歌词写到白纸上。

（3）两项任务要求同时进行，每组成员在组长的组织下，根据兴趣与特长进行分工。

（4）各组领取物品（白纸、铅笔、橡皮），开始创意组徽组歌。教师巡回观察指导。

2. 绘制组徽、排练组歌

（1）每个小组领取一张 4 开素描纸，一盒水彩笔。

（2）绘制组徽。各组把商定的组徽图案绘制在素描纸上，并写上各自小组的组名、口号、组歌歌词，然后全体成员签名。

（3）排练组歌。组歌的基本表演形式要求是合唱，各组可以在队形、具体表演形式上进行创新，能体现本组士气和良好精神风貌。

3. 组徽组歌汇报展示

（1）教师讲解汇报展示要求：汇报展示内容包括组名、组徽及解释、组歌、小组口号；汇报形式自由确定。

（2）各组根据要求进行最后的准备与彩排。

（3）各组依次汇报展示组徽组歌；其他小组做观众。

 交流分享

1. 在设计、创作、展示组徽组歌的过程中，你们小组成员之间有没有不同意见？你们是如何解决争议的？

2. 你认为哪几个小组的组徽或组歌最精彩？为什么？

3. 大家对作品的评价是否统一？判断标准各是什么？

4. 哪几件作品最富有内涵？体现了哪些内涵？对我们有哪些启迪？

建议与说明

1. 该活动通常用在班级心理辅导初期，在固定分组之后，用来增强各组凝聚力，鼓舞各组士气，增进小组成员间的磨合。

2. 该活动通常需要两个课时，保证学生有足够的时间去创意，也能培养学生的发散思维和创新能力。

3. 为了加强学生的纪律性，培养学生的规则意识和创新意识，活动可以为各组评分。评分标准有三项：纪律分、士气分、创意分。纪律分包括设计排练过程中有无打闹、不尊重他人、不参与集体活动、不和睦不团结的情况，也包括在展示时有无不文明观众现象；士气分包括声音响亮度、整齐度、配合默契度、人员精神面貌等；创意分包括组徽含义的挖掘、歌曲的编制、汇报表演形式的创新等。

4. 在整个活动过程中，教师应注意鼓励学生大胆创意、大胆编排，从而进一步推动学生放开自我、活跃自我，在活动中体验本真的自我，体验创作的快乐。

5. 活动中，教师应注意各种活动用品的发放与收回问题，稿纸放到纸篓里而不能撕掉随便扔在桌子抽屉里，以培养学生的规范意识。

6. 如果教师能够在学生汇报展示时进行录像，不仅能够保存精彩的活动画面，而且可以更大程度上保证学生参与活动的积极认真态度。

 学生活动成果（组歌歌词）摘选

胜利队：胜利胜利，你是我的骄傲，勇争第一，是我们的口号。为你拼搏，我们为你进取，你的名字，就要响彻云霄！

奋进队：奋进奋进，永创第一，努力拼搏要牢记；加油干，尽力拼，严守纪律勇争第一。啊，奋进奋进，奋进中有我，奋进中有你，奋进使我们团结一心。战胜困难，加油打气，努力奋进得第一。

卓越队：一二三四一二三四像首歌，心理课堂心理课堂教会我；团结就是力量，超越就是梦想；卓越卓越，不断超越！

团结队：团结就是力量，团结就是力量，这力量是铁，这力量是钢，比铁还硬，比钢还强，向着未来梦想前进，让一切艰难困苦死亡！向着理想、向着未来、向着大学梦发出我们的力量！

勇敢队：我们是勇敢的团队，用青春拥抱时代；我们是卓越的团队，用生命点燃未来。勇敢的团队，坚定了我们的信心；壮丽的誓言，激励着我们勇往直前。胜利永远属于我们勇敢队！

博越队：抬头看看天，月亮在笑；低头看看地，浪花在跳。这个世界我们多渺小，只要努力就会心比天高。快快快，冲冲冲，博越队员在行动，驾驶着胜利的快车，奔向光明的前程。快快快，冲冲冲，博越博越，追求卓越！

胜火队：我要向前飞，我是胜火的团队，心中潜藏着待放的梦想，如果你给我热烈的掌声，我将为你展现我的美。曾经被风吹，我是胜火的团队，勤奋向上是我们的誓言，如果你给我热烈的掌声，我将为你展现我的美。

先锋队：先锋在唱歌，温暖了大伙儿，白云悠悠蓝天依旧，笑声在漂泊。在这个大家庭，我们团结生活，看见远方天国，那璀璨的烟火。在我的心上，团结是力量，灿烂的星光，永恒地徜徉。一路的坚持，照耀我前方；辽远的边疆，随我去远方。

例029 导盲之旅——信任、互助

 活动目标

1. 增进同学之间的相互信任感。
2. 体验互相帮助带来的快乐。
3. 通过体验不同的角色,学会换位思考。

 活动准备

助教一名,音乐《春天的早晨》,眼罩,提前选定活动路线,布置障碍物。

 学生分组

可现场随机分组。

 活动流程

1. 学生每两人一组组成搭档

(1) 两个人一组互为搭档,所有人可在全班范围内找搭档。搭档不能是同桌或者好友,最好能打破男女界限或者与曾经有过误会、隔阂的人一组。

(2) 找到搭档之后,两人面对面站好。

2. 分配角色

（1）搭档内部确定谁先做"盲人"，谁先做引路者。

（2）先扮演"盲人"的学生戴好眼罩。

（3）引路者向后退一步，不要去触碰"盲人"。"盲人"在老师的口令下转圈或者慢慢挪动，以失去方向感和位置感。

（4）引路者拉起盲人的双手对"盲人"说："我来帮助你，我会保证你的安全，一定会的，请相信我。"

3. 教师讲解活动规则

（1）"盲人"在现有角色基础上，同时扮演"哑巴"，不能讲话。

（2）引路者用一只胳膊搀扶"盲人"，另外一只胳膊自然下垂。

（3）整个过程不能让"盲人"触到楼梯扶手或墙壁。

（4）引路者要保证"盲人"的安全。

（5）每组前后间隔至少三步，引路者掌控距离。

（6）注重角色体验。

4. 导盲之旅

各队搭档跟随助教老师依次走出活动室，"盲人"在引路者的帮助下穿越各种障碍。（障碍包括：上下楼梯、拐弯的墙角、树林或立柱、高出身高的障碍物、大石头等等）

5. 信任交流

等所有人回到活动室之后，引路者拉起"盲人"的双手，引路者只能听不能说，"盲人"把刚才整个过程的内心感受告诉引路者搭档；然后,"盲人"只能听不能说,引路者根据"盲人"刚才的内心感受给他一种语言或身体上的支持、鼓励、信任和安慰。

6. 换位体验

搭档间两人互换角色,重复刚才的过程。

7. 教师引导

助教播放背景音乐《春天的早晨》。每对搭档相邻坐在一起,轻轻闭上眼睛,放松身心后,教师用温柔的语气进行引导:

送给"盲人"的话:作为盲人,当你的引路者拉起你的双手对你说出那三句话的时候你又是什么样的心情呢?当他搀扶起你的一只胳膊,慢慢走出教室、走到门口、走过第一个台阶……你又是什么样的感受呢?当你被安全带回的时候,你又有什么样的心情和感受呢?在日常的生活和学习中,你是否也有过类似"盲人"的这种无助、困惑、迷茫,渴望他人理解、渴望他人帮助、渴望他人信任、渴望他人支持的时候呢?你的生活中发生过什么?你是否得到了他人的帮助呢?那个时候你的心情又是怎样的?

送给引路者的话:作为引路者的你,当你看到你的"盲人"搭档失去方向感而四处摸索的时候,你是一种什么感受?当你对他说出那三句话时你又是怎样的心情?你是否感受到了一种责任?当你搀扶他带他走出教室下第一个台阶的时候,你的内心又有什么样的感受?在整个过程中你是否保证了"盲人"搭档的安全?当你成功地把他安全带回来的时候你内心有怎样的喜悦之情?在日常的生活和学习中,我们每个人都有作为引路者的时候。当你看到周围的同学、朋友处于困境,渴望支持和帮助的时候,你是否伸出了你的援助之手呢?

交流分享

1. 作为"盲人",当你戴上眼罩,失去方向和位置感时内心是一种什么感受呢？当你的引路者搭档拉起你的双手对你说出那三句话的时候，你又是什么样的心情呢？

2. 当你被安全带回活动室的时候，你又有什么样的心情和感受呢？

3. 作为引路者，你是怎么对待你的"盲人"搭档的呢？你的内心有什么感受呢？

4. 在今天的导盲之旅活动中，你体验到了什么，感受到了什么，有哪些联想，又有什么样的收获呢？

建议与说明

1. 由于青春期性心理的变化，该活动在小学、初中低年级实施时，应该同性别的学生一组，在更高学段实施该活动时可以并且最好打破男女界限，以增强男女生之间的信任感。

2. 引路者的承诺是为了给"盲人"更多的安全感。让"盲人"自己原地转圈，是为了让他迷失方向感，这样更能增加内心体验。

3. 前后两次角色体验，路线不同，一是为了不让学生思维产生定式，二是让学生体验到每个人在人生道路上可能会遇到各种挫折，每个人的人生道路也是不一样的。

4. 返回教室后的沟通还是必要的，能增强搭档之间的信任感。

5. 大部分学生在班里发言很精彩，有些同学在活动中可能会流眼泪，有些在分享时道出自己的不幸身世，以及和同学之间的隔阂等等。因悲伤而流泪的同学，鼓励其他同学给予他拥抱，教师也给予他拥抱，以让他感受到温暖。对很多有隔阂摩擦的同学，发言之后大都能够在教师引领下走到对方面前握手或拥抱和好。

6. 该活动比较适用于新生入学彼此之间还不够熟悉时，这样能使学生迅速相互熟悉以及增强相互之间信任感。

例 030　风中劲草——承诺、责任

训练目标

1. 培养学生敢于承诺、勇于负责的精神。
2. 增进学生之间的相互信任。
3. 引导学生学会换位思考。
4. 培养学生乐于助人的品质。

训练准备

助教 1 名/组，教师与助教能够熟练进行动作示范和活动演示。背景音乐建议选《春天的早晨》。

学生分组

将全班分为每组 8～10 人的若干小组。

活动流程

1. "风中劲草"活动示范与讲解

（1）活动角色分配：每 8～10 人为一组，每组一位同学站在中间，做"草"，其他同学围站成一圈，做"风"。

（2）"草"的动作要领：

①手部的准备动作：双手向前平伸，手心相对；掌心向外；双手交叉，十指相握；交叉的双手向里翻，放于胸前。

②身体的准备动作：双脚并拢，身体绷直，膝关节和腰不能弯曲。

③语言的准备："我叫×××，我准备好了，我的团队准备好了吗？"风："准备好了。"草："我要倒了。"风："倒吧。"

④"草"的后续动作：闭上眼睛笔直地向后倒下去，由身后的"风"接住，然后慢慢传给旁边的同学。

（3）"风"的动作要领：脚向后迈半步，成弓步姿势，两臂弯曲，双手虎口向上，呈接的姿势。当"草"倒下来的时候接住他，然后慢慢地传给右边的同学；转一圈之后将"草"慢慢竖起，轻轻拍醒，为其鼓掌祝贺。

（4）教师和各组组长及助教演示"风中劲草"整个活动过程。

2. "风中劲草"活动训练

（1）助教先在各组中做"草"，进行动作示范及讲解注意事项。

（2）组长首先做"草"，站在本组成员中间。助教播放音乐《春天的早晨》，全体同学原地轻轻闭上眼睛。教师指导大家放松身心后，用轻柔的语气进行引导：

下面这段话送给中间做"草"的队长：这一刻你就要把自己的身体、自己的安危交给你的队友了，此刻你的内心是一种什么感受呢？是信任他们还是有所顾虑、有所担心呢？你担心的又是什么呢？其实他们——

你的队友——会用他们那或坚强或柔弱的身躯全力支撑你的，一定不会让你摔倒的，请相信他们！

下面这段话送给周围做"风"的朋友：此刻你的内心又是一种什么感受呢？中间的"草"就要把他的整个身体和安危交到你的手里了，队友如此信任你，你是否感到有一份责任感在心头呢？其实每个人的内心都在涌动着一句话："我将以我的整个身心全部力量保护你的安全，放心倒下来吧，请相信我……"

（3）组长及其他同学依次做"草"，进行活动。

（4）个别做"草"动作不够规范的同学，在全班同学的注目之下，在本组再做一遍。

 交流分享

1. 你在做"草"时动作规范吗？你做到完全信任队友了吗？
2. 你在做"风"时确保队友安全了吗？你是怎么做的？
3. 做"草"时，当你信任地倒向队友时，你想到了什么呢？
4. 做"风"时，当你平稳地保护队友安全时，你想到了什么呢？
5. 通过这个活动，你还有哪些感受或想法？

  建议与说明

1. 该拓展训练活动较适用于高中阶段学生，初中及以下学生由于年龄小，体力较小，故不太适用。

2. 如果寻找足够多的助教有难度，也可请部分学生干部做助教，但一定要预先训练。教师和助教示范动作时要做到准确标准。

3. 第一轮风中劲草活动中，有的学生不敢倒下去，或者倒的姿势不标准，要让这样的同学重新做。教师要鼓励队员对其进行鼓励和支持，

让他（她）敢于挑战自我，相信自我，相信团队。

4. 只要在第一轮能够顺利倒下的同学，在第二轮都比较顺利地倒下去了，这也就要求第一轮活动时一定要严格要求，只要动作不规范的就得重来。这样才能保证在难度加大的情况下，队员都能充分体验。

5. "风中劲草"的活动要在"导盲之旅"完成之后或者是两人相互后倒之后才能做，因为只有队员之间有了基本的信任，才敢于去迎接难度更大的挑战。否则如果某一个比较内向自卑的同学因此摔倒的话，就更不敢再去挑战自己，从心理上也就不再轻易相信别人。

例 031　同心横杆——齐心、内省

活动目标

1. 体验个人目标与团队目标的关系、个人与集体的关系。
2. 促进自我内省，减少指责抱怨。
3. 培养战胜挫折的信心。

活动准备

长约 2 米的 PVC 管 1 根/组，助教 1 名/组，秒表 1 块。

学生分组

将全班分为每组 7～10 人的若干小组。

活动流程

1. 活动规则讲解与示范

（1）教师与助教示范两次。（示范时要用二三秒钟完成任务）

（2）教师宣布活动任务：每组全体成员用手指托杆，将杆平稳地降到地面。

（3）教师宣布活动规则

①每人平伸一根食指托住同心杆，要求指头平均分布在杆子上。

②杆子起始高度与团队中最矮者的眉头等高。

③不许出现脱杆、勾杆、夹杆、压杆现象，否则重新开始。

④整个过程中任何人不许说话。（除了"下"和"停"两个字之外）

⑤以所有人的食指触地为成功，标准由裁判（老师或助教）来掌握。

2. 各组商讨行动方案和完成目标

（1）各组集体讨论（不允许实际练习）活动方案，并模拟练习。

（2）各组预估完成任务所用的时间，并上报。

（3）教师将各组预估的完成时间记录在白板上。

3. "同心横杆"活动

（1）将同心杆发放到每个小组，组织各组准备妥当。教师统一宣布开始，并计时。

（2）每组由一位助教进行监督，严格把握各项规则标准，稍有犯规立即要求返回重做。

（3）活动进行到十多分钟时，每个小组的同学会因久久完不成任务而相互指责抱怨、内心比较急躁、信心低落。

（4）请各组停止活动，助教收回杆子。

（5）教师引领同学们检讨活动中内心的急躁情绪和对他人的指责抱怨，反思个人与团队的关系，使同学们明白只有每个人多关注自己，管好自己的手指，做好自己的事情，相信团队，同心杆的任务才能够完成。

引导语参考：

活动进行过程中，每个团队都遇到了巨大的挫折，不少队员出现了焦躁情绪，以各种方式指责抱怨他人。曾在内心至少一次指责过别人的同学请举手，曾至少一次受到别人指责的同学请举手。这就是我们的团队啊，什么叫团队的目标＝我的目标啊？团队是由每一个"我"组成的，从这个意义上说，我＝团队啊！知道这个活动的另一个名称是什么吗？同心杆！什么是同心？怎么才是同心？可是你又在做着什么？我们的同心横杆为什么总是下不去啊？很多时候恰恰是因为你的原因，你总是在抱怨指责别人，在你的眼睛总是盯着别人的错误时，你的手却已经脱离杆子或者把杆子高高顶上去了。我＝团队，只要每一个"我"做好了，我们的团队也就做好了，我们团队的目标也就实现了！我们每个人要管好自己的手指，做好自己的事情，关注自己，相信队友，相信团队，我们的团队目标一定能够实现！

（6）各组压手喊口号，重新加强凝聚力。

（7）各组继续去做"同心横杆"活动。

（8）教师督导每人的眼睛紧盯着自己的手指，督导组长充分利用好"下"和"停"这两个口令，直到任务完成。

（9）各组压手喊口号庆祝成功。

 交流分享

1. 在看教师进行活动示范时，你对活动难度持什么态度？你们小组确立了什么样的活动目标？活动中，你发现本活动是那么容易完成的吗？这说明了什么道理？

2. 当活动任务久久不能完成时，你的内心出现了哪些情绪？这些情绪对于活动任务的完成产生了哪些影响？

3. 在活动的中前期，你将注意力主要放在哪里了？每个人的眼睛需要多看哪里，才能够更好更快地完成任务呢？

4. 这个活动使你对个人与团队的关系有了哪些认识呢？

 建议与说明

1. 学生在制定目标时，大多将目标定为几秒到几十秒不等，很少有小组定的目标为几分钟以上，即使有个别人提前知道此活动远非那么容

易，可总不能扭转小组总体对此活动的轻视。

2. 在每小组人数小于 7 人时，此活动难度太小，不能达到活动目的；在中学生超过 10~12 人，或大学生及成人超过 14 人时，此活动难度太大，不能给学生成功体验，也不能成功达到本活动目的。

3. 活动前，教师应同所有助教做好沟通工作，把握好先严格后适当放松的原则，在活动的前期坚持不指导但适当鼓励的原则。

4. 前期活动中，学生间的抱怨、指责是相当普遍的，严格限制学生讲话（必要时可给其小组扣分），有利于避免学生之间因为指责抱怨引起矛盾和冲突。

例 032　顺序翻牌——沟通、策略

活动目标

1. 认识到做事讲究策略能提高效率。
2. 体验到及时、有效沟通的重要性。
3. 感悟个人与集体的关系，实现个人与集体共赢共利。

活动准备

助教 1 名，扑克牌 2 副（提前按花色分为 4 组），秒表 1 块，号码布 1 块/人，别针若干。

学生分组

将全班学生分为每组人数最多不超过 15 人的小组若干。

活动流程

1. 导入活动

今天这节课我们要开展各组间的速度比赛，比赛的重点之一即每人跑步的速度。这是一次团队与团队之间的竞争，为了你们的小组，希望你们拿出自己最牛的"超音速"！

本次课我们要用到特殊道具——扑克牌，但我们不是用来变魔术，

我们要把扑克牌反扣过来,请大家按照规则一张一张翻过来。

2. 第一阶段活动

(1) 活动任务

在规定的时间内按顺序找出本队的号码牌,在各队竞争的情况下,用时最短的团队取胜。

(2) 活动规则

①在每个组的正前方,会放一张桌子,桌子上有 N 张扑克牌,这些牌在桌子上反扣着,有序摆放,不重叠。

②要求每组必须把前面桌子上的扑克牌按照从小到大的顺序依次翻开。

③每组成员要按照顺序站成纵队,任务开始后严格按照顺序依次跑到前台,不得乱了顺序。上位队员返回到起点并与下位队员击掌后,下位队员才可以跑上前。每位队员返回队伍后自动站到队尾。

④每位上台的队员只能翻一张牌,不管正确与否立即返回换下一名队员。

⑤当翻开号码不正确时,要把牌再扣上;当号码正确时,将牌正面朝上。

(3) 各组简单讨论。

(4) 各组同时进行比赛,教师用秒表计时。教师与助教监督各组执行情况。

(5) 请各队派代表汇报刚才所用方法,并准备下一轮比赛。

(6) 第二轮比赛及讨论。

3. 第二阶段活动

(1) 规则变化:各队每位队员拿到一块与扑克牌对应的号码布,用别针固定在胸前。要求每人到前台打开的牌只有与自己的编号相同才是正确。其他规则不变。

(2) 各队讨论，准备比赛。

(3) 进行 2~3 轮比赛。

(4) 请各组汇报所使用的方法和活动感悟。

 **交流分享**

1. 最初你以为这个游戏任务难吗？后来的实际情况如何呢？
2. 你们小组的游戏进行得顺利吗？为什么？
3. 相同规则下的后一轮游戏都能比上一轮有明显的进步，为什么？
4. 你们小组集体商讨的方案，大家执行得到位吗？为什么？
5. 从这个游戏中，你有哪些启发和感悟？

 建议与说明

1. 如果小组人数达到 15 人，可以用"小王"和"大王"分别代表数字 14 和 15。

2. 在第二种规则下的游戏中，给每人一个编号，并要求他们固定在胸前，这是为了便于教师和队员识别，防止作弊现象出现。

3. 还有另一种活动形式，即每人只许翻开与自己号码相一致的牌，但桌面上的牌不要求按顺序被翻开。这种规则下，完成游戏较为简单，如果小组人数特别多，而活动时间又非常有限，可以采用这种活动形式。

4. 为突出沟通的重要性，也可尝试在最初一两轮比赛不许学生讲话交流，其后再允许讲话，看比赛成绩是否进步。学生寻找原因时就会较为自然地联系到交流沟通的重要性。

5. 此活动在每组成员为 7~10 人时，每轮比赛用时通常在 2~3 分钟；在每组 12 人左右时，则需要 3~5 分钟。

例033 传球比赛——群策、创新

1. 集思广益，增强策略创新意识。
2. 体验创新带来的成功和快乐。
3. 增强规则意识和合作意识。

网球每组1个，秒表1块。

将全班分为每组8～10人的若干小组。

1. 教师讲解活动规则

（1）每组1个网球，要求尽快传遍本组的每一位成员。

（2）分小组依次进行，每次教师喊"计时开始"，小组开始传球，传到最后一人手中的同时要有人喊"到"，以时间的长短给予不同的分值奖励。

（3）传球中出现掉球、漏传等现象记零分。

（4）网球要经过每一个人的掌心。

(5) 各小组队形自行确定。

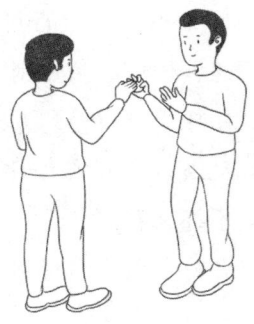

2. 第一轮活动

(1) 询问学生有无对于规则的疑问，如有，教师可给予适当解答，但要避开具体传球方法。

(2) 每组1个网球，由组长带领组员练习3分钟。

(3) 即将比赛时，各组用压手喊口号的方式为自己加油鼓励。

(4) 各组依次参加传球比赛。正在参加比赛的小组称为竞赛组，要求其他组必须背向竞赛组，不许观看。

(5) 教师持秒表计时，并将各组成绩写到白板上。

3. 第二轮活动

(1) 教师询问各组能否提高比赛成绩，请学生大声回答，激励各组。

(2) 由各组长带领组员商讨和练习2分钟。

(3) 即将比赛时，各组用压手喊口号的方式为自己加油鼓励。

(4) 各组依次参加传球比赛。正在参加比赛的小组称为竞赛组，要求其他组必须背向竞赛组，不许观看。

(5) 教师持秒表计时，并将各组成绩写到白板上。

4. 第三轮活动

(1) 教师询问各组能否提高比赛成绩，请学生大声回答，激励各组。教师提示并强调不仅要运用小组成员的手部力量，更要充分运用小组的集体智慧，寻找最快完成传球任务的最佳策略。

(2) 每组 3 分钟的探索与练习时间。

(3) 遇到学生向教师询问某种方式是否可行，教师不直接答复，说只要符合规则即可，只要不违背任何一条规则即可。

(4) 即将比赛时，各组用压手喊口号的方式为自己加油鼓励。

(5) 各组依次参加传球比赛。正在参加比赛的小组称为竞赛组，要求其他组必须背向竞赛组，不许观看。

(6) 教师持秒表计时，并将各组成绩写到白板上。

5. 第四轮活动

(1) 各组依次演示自己小组传球的最好方法，其他小组组长前去参观。

(2) 教师带领同学们按规则逐条检查，证明在各组所用方法没有违背任何一条规则的前提下，他们的传球是有效的。

6. 第五轮活动

(1) 各组组长将在其他小组学到的方法讲解或演示给本组成员。

(2) 各组将所学方法融会贯通，尝试创新更好更快的传球方法。

(3) 即将比赛时，各组用压手喊口号的方式为自己加油鼓励。

(4) 各组依次参加传球比赛，其他组不必背向竞赛组。

(5) 教师持秒表计时，并将各组成绩写到白板上。

7. 感受五轮活动的成绩进步

对照白板上记录的各组每轮比赛成绩，观察成绩没有被记为零分的各轮的平均成绩为多少，每轮的进步幅度有多大。从第一轮的最慢成绩，到最后一轮的最快成绩，是多少倍的差距。

交流分享

1. 各组成绩为什么能够取得快速进步？
2. 如果只有一个人想办法，能够实现这一目标吗？
3. 大家集思广益下的创新，对于我们的学习和人生有什么启迪？

建议与说明

1. 活动充分体现了小组成员之间的配合，小组成员共同出谋划策，集体的智慧凝聚在一起才使得小组的方法有大的改进，成绩有大的进步，从而可以进一步培养和强化学生的小组意识。

2. 传球不是简单地从第一个人传到最后一个人，是讲求方法的。随着每轮的练习研讨和教师的启发，方法有很大改进，从而能启发学生的创新意识，培养学生的创新思维。

3. 活动本身的规则能较好地培养学生的规则意识，即任何活动要在规则之内进行。

4. 第四轮参观学习其他小组的传球方法非常有必要，为的是能够促进小组之间的学习和信息共享，让学生意识到要取人之长补己之短，从而为培养大团队意识奠定基础。

5. 到活动的后期，不仅仅每个成员的手紧紧并排在一起，而且各组通常都会有独特、巧妙的创新，有的能够使小球速度接近于自由落体速度，有的则更快。第一轮原始方法传递时各组用时大都在 4~5 秒左右，而最后两轮各组基本都能够在 0.5 秒钟左右完成传球任务。

例034 蒙眼投球——分工、流程

 活动目标

1. 让学生在运动中获得宣泄、放松感。
2. 明白分工与合作的重要性。
3. 体验流程对效率及效果的影响。

 活动准备

太极柔力球每组3个,眼罩和球筐(可用塑料筐代替)每组各1个,距离为4~5米的起点线与终点线各1条。

 学生分组

将全班分为每组8~10人的若干小组。

 活动流程

1. 小组凝聚

每个小组选定队长一名,设计小组口号并压手齐呼三遍。

2. 教师讲解活动要求

(1) 每队用具:1个球筐、1个眼罩、3个小球。

(2) 游戏任务:进球,每进一球得一分;

(3) 起终点：投球手要站在起点线后，球筐固定在终点线上。

(4) 具体规则

①每队同一时刻只能由戴好眼罩的一位队员投球；

②"盲人"投球手每次只能投一个球；

③每队派两名队员到球筐后负责捡球，要求将球在地上滚回起点；

④其他队员可以给"盲人"投球手以指导；

⑤每进一球则全组队员集体压手喊口号一次；

⑥"盲人"投球手之外的队员若向球筐方向投球扣2分；

⑦若出现胡打乱闹、不尊重他人现象酌情扣1~2分。

3. 第一阶段活动

(1) 活动要求：每人蒙眼背向投球，时间为5分钟，期间不限人次，直到时间结束。

(2) 请组长做好游戏安排和人员分工，学生开始活动，教师计时并计分。

(3) 本阶段活动结束后教师简单引导：每个人在自己岗位上做了些什么？你扮演好自己的角色了吗？大家已经发现投中的概率很低，在这样的条件下除加强指导外，还要有效管理充分利用好自己队的三个小球，让它们充分运转起来，增加投球的次数，才能增加投中的机会。

4. 第二阶段活动

(1) 活动要求：10分钟时间，蒙眼背向投球，不限人数和投球次数。

(2) 学生开始活动，教师计时并计分。

(3) 本阶段活动结束后教师简单引导：每个人为团队的进球目标做了些什么？你是否还能主动挖掘潜力为集体做更大的贡献？哪怕为团队提供一种心理支持？例如在团队久未进球时表达安慰鼓励，在团队进球时兴奋喝彩以鼓舞士气。你们团队的三个小球被充分利用起来了吗？你们对"盲人"投球手的指导全面有效吗？"盲人"投球手的听觉器官最敏感，除语言指导外,是不是还有其他声音可以使他对投球的方向和距离有更好的感觉?

5. 第三阶段活动

(1) 活动要求:15分钟时间,蒙眼正向投球,不限人数和投球次数。

(2) 学生开始活动,教师计时并计分。

(3) 活动结束后,各组上交活动用品,在各自小组位置坐下来。

 **交流分享**

1. 活动中投球的数量与成功率有什么关系?

2. 活动中投球手发挥了哪些作用?其他人发挥了哪些作用?对于小组目标各有哪些影响?

3. 你们小组的各项资源充分利用起来了吗?

4. 这节课你快乐吗?快乐是谁给予你的?

5. 如果每投必中,你还会这么快乐吗?这对我们有什么启发?

 建议与说明

1. 活动流程变通:第一轮每人投三次不许指导,第二轮每人投三次可指导,第三轮不限人数和次数并可指导。

2. 在起点与球筐相距4~5米的情况下,按活动规则投球是非常不容易的,尤其是在初始阶段,常会出现十多分钟一球不进的情况,这考验了学生的信心和耐心,也使得每一次进球都显得尤为珍贵,学生会高度兴奋,体验成功的来之不易。

3. 活动前期,在个别小组虽然存在部分学生参与活动不积极,认为组内人多球少,自己接触不到球,无事可做等情况,但在教师指点特别是在课堂的公开引导下,他们通常能认识到自己的问题,开始积极地创造机会,尝试从言语行为上给自己小组施加积极的心理影响。

例 035 井然有序——秩序、谦让

活动目标

1. 认识到沟通与策划的重要性。
2. 增进团队协作配合，培养合作意识。
3. 增进同学之间的理解与宽容，并学会互相谦让。

活动准备

呼啦圈 1 个/组，软球 1 个/组，秒表 1 个，助教 1 名/组；在地板上画出半径为两米的圆圈 1 个/组，在圆心放置一个软球，外套一个呼啦圈。

学生分组

将全班分为每组 10～16 人的若干小组（尽量每组人数相同且为偶数）。

活动流程

1. 教师宣布游戏规则

活动任务：在最短时间内实现与对面人互换位置。

具体规则：（1）每组所有成员均匀地站在圆圈外侧，确定哪位队友

在自己的正对面。

（2）每人走直线与对面同学互换位置，每人路线必须经过呼啦圈且与对面同学同时经过呼啦圈（两人的脚同时落入圈内）。

（3）游戏一旦开始，所有人必须呈前进状态，不能原地踏步，不能后退、停止或明显转弯，即必须走直线。

（4）人不能碰到软球和呼啦圈，队友之间身体不能有任何接触。

（5）如有任何违规，则立即返回重做。

2. 学生讨论活动方案

暂时收起各组的软球和呼啦圈，由组长组织各组成员讨论活动方案，或进行模拟练习。

3. 第一轮活动

（1）助教把各组的软球和呼啦圈放到指定位置，各组全体成员均匀站到圆圈外侧。

（2）教师宣布比赛开始，并用秒表记录时间。

（3）每组助教做好监督，发现学生有任何违规现象，立即责令其返回重做。

（4）教师将各组所用时间写到白板上。

4. 第二轮活动

（1）教师询问各组能否提高比赛成绩，请学生大声回答，激励各组。

（2）每组进行集体讨论和实地练习。

（3）各组准备完毕后，教师宣布比赛开始，并用秒表记录时间。

（4）每组助教做好监督，发现学生有任何违规现象，立即责令其返回重做。

（5）教师将各组所用时间写到白板上。

5. 第三轮活动

（1）教师宣布本轮活动增加一项规则：比赛时不许讲话。

（2）教师询问各组能否继续提高比赛成绩，请学生大声回答，激励各组。

（3）每组进行集体讨论和实地练习。

（4）各组准备完毕后，教师统一宣布比赛开始，并用秒表记录时间。

（5）每组助教做好监督，发现学生有任何违规现象，立即责令其返回重做。

（6）教师将各组所用时间写到白板上。

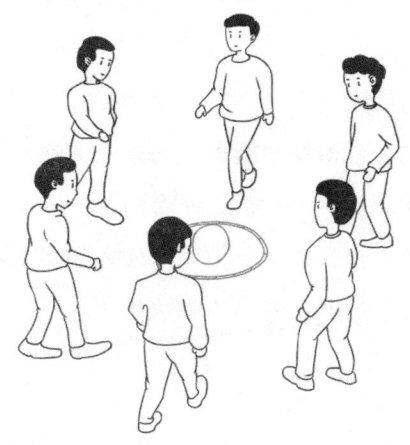

6. 感受三轮活动的成绩进步

对照白板上记录的各组每轮比赛成绩，看各组的平均成绩为多少，每轮的进步幅度有多大。从第一轮的最慢成绩，到最后一轮的最快成绩，这之间有多少倍的差距。

 **交流分享**

1. 第一轮活动时遇到的主要问题有哪些？

2. 这些困难在后来是如何被克服的？

3. 本游戏中人员需要讲究先后次序，在我们的学习和生活中，还有哪些事情需要注意轻重缓急？

4. 这个活动对于我们有哪些实际指导意义？

 建议与说明

1. 如果场地有限或助教人数不足，每轮比赛也可以分批次进行。

2. 如果分批次进行，可以让暂时不参赛的小组观察、监督。

3. 如果有小组人数为奇数，仍可按本组全体人数加一人的偶数来做活动，方式是选定一个人，要求他正对面的位置空出一个人的空间或放置一个物品来代替。

4. 第一轮活动进行前，只准许学生简单讨论，但不能实地练习，主要用意在于让学生体验到相互"撞车"的杂乱无序状态。

5. 活动第一轮较困难，但随着活动的进行，学生都能找到先后次序，配合较好，由原来的5～10分钟完成任务到最后的10秒钟左右完成任务，学生会体验到不断进步的成功和快乐。

例 036 破解乱网——破困、信心

1. 体验克服困难、破解困境的感觉。
2. 感悟信心、勇气对一个人的重要性。
3. 认识到有时吓倒我们的不是现实困难，而是来自内心的恐惧。

助教 1 名，秒表 1 块。

将全班分为每组 8～16 人的若干小组。

1. 操作形式 A

（1）让每组学生站成一个向心圈，相邻的学生把手拉起来，并记住左右各是拉的谁的手。

（2）学生彼此松开手，在刚才的区域内，将每人的方向和位置充分打乱，所有人在原地不动的前提下按刚才的顺序拉起手。

（3）要求尽快还原为刚才的圆圈，条件是手不能断开。

（4）请大家预估能不能完成任务，如果能够完成，需要多长时间？

（5）各组学生按规则操作，教师和助教负责监督，并做好计时工作。

（6）将各组预计用时和实际用时进行对比。

2. 操作形式 B

（1）让每组学生站成一个向心圈。

（2）每人先举起右手，握住对面那个人的手；再举起左手，握住另外一个人的手，但不许两只手去握同一个人的双手。

（3）要求在不松开手的条件下，想办法把这张"乱网"解开。

（4）请大家预估能不能完成任务，如果能够完成，需要多长时间？

（5）各组学生按规则操作，教师和助教负责监督，并做好计时工作。

（6）将各组预计用时和实际用时进行对比。

3. 操作形式 C

（1）让每组学生站成一个向心圈，自任意一人开始依次报数。

（2）报偶数的同学举起右手，握住对面那个人的右手；报单数的同学举起左手，握住右邻的左手。

（3）要求在不松开手的条件下，想办法把这张"乱网"解开。

（4）请大家预估能不能完成任务，如果能够完成，需要多长时间？

（5）各组学生按规则操作，教师和助教负责监督，并做好计时工作。

（6）将各组预计用时和实际用时进行对比。

 **交流分享**

1. 当大家的手"织"成一张"乱网"时,你有信心解开吗?你当时认为多长时间才有可能解开?而实际情况呢?

2. 任务开始前,你是否感觉千头万绪、心乱如麻?

3. 在实际行动中解开一点"乱网"以后,你的想法发生了哪些变化?

4. 任务最终完成以后,你是否感觉很开心?

 建议与说明

1. 操作形式 A,最终能够完全还原成最初手拉手时的样子。操作形式 B,根据参与学生人数的不同,最终会有两种情况,一种是形成一个大圈,另外一种是形成几个同心圆。操作形式 C,根据参与学生人数的不同,最终也会有两种情况,一种是形成一个大圈,另外一种是若干个 4 人小圈。这样的结局都不再是一团乱麻,都视为成功完成任务。

2. 如果小组人数不多,也可以在分组做完后,将每 2～3 个小组合并起来,大家的手臂会"织"成更加错综复杂的"乱网",学生在完成任务的过程中会有更加深刻的体验。

3. 在组织比赛时,可以让其中半数的小组先参赛,其他小组协助参赛,并做裁判监督比赛,完成后再互换角色。这样可以节约场地,也可以促进活动能够按照规则不折不扣地进行。

4. 参与人数不管是 10 人左右,还是合并小组后的 20 余人,完成任务的时间通常都能控制在几十秒到一分钟左右,最快 10 秒多点,最慢不过两分钟。

5. 实践操作中,各小组预测的完成时间多为 10 分钟左右,预测两个小组合起来做时约需 20～30 分钟时间,均大大长于实际用时。这给学生带来了很好的心理体验。

6. 操作形式 A 中，参加游戏者被打乱方位时要尽量在较小的范围内进行，否则最后不容易将手连起来；在人数较多时，可允许他们在双脚方向不变的前提下向中间靠拢一下。

7. 活动中，既存在小组间竞争，又需要各组合作，其他小组对游戏小组的监督、指导和协助，既节省了课堂时间，也为他们增强了信心，还强化了大团队精神。

例 037　人体悬浮——潜能、奇迹

 活动目标

1. 营造快乐气氛，体验创造奇迹的兴奋感。
2. 培养自信心，体验自我潜能被激发的感觉。
3. 联系学习和生活，感悟不被问题表面所迷惑，困难没有想象得大等道理。

 活动准备

助教 1 名，秒表 1 块，凳子若干。

 学生分组

将全班分为每组 8～10 人的若干小组。

 活动流程

1. 活动导入

请同学们推举几位身体柔韧性较好的学生来上台展示，看能多大程度地让自己上半身尽多地与地面平行。提问学生：你能让自己膝盖以上的身体与地面平行吗？（回答当然是不行）下面我们将亲自创造一个魔术一样的奇迹，让每个人都实现这一点。

2. 教师讲解活动要领,并请四位学生示范

(1) 将四张凳子摆成"十"字形。

(2) 请四位男生上台,沿同一时针方向在凳子上坐下,每人双腿并拢,小腿与地面垂直。

(3) 请另外四位同学协助他们慢慢向后倒下,将背部放在后人的大腿上,然后慢慢将他们身下的凳子全部抽出来。

(4) 示范者全身绷直,四人相互支持"悬浮"10 秒钟。

(5) 协助者将凳子放回他们身下,扶他们坐起来,并给予掌声祝贺。

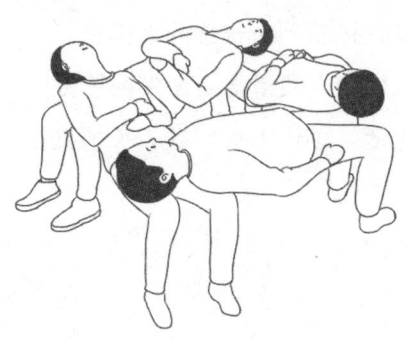

3. 第一轮活动

(1) 教师公布第一轮活动要求:所有小组同时参加比赛,每组出半数同学参加,标准地坚持 30 秒即为成功,各组自选参赛人员,其他组员做好协助者。

(2) 每个小组自行练习,教师巡视,就学生不明白或者有失误的地方作答,做好鼓励和指导工作。

(3) 各个小组同时参加比赛,教师计时。(等所有参赛者都把凳子撤掉时计时开始,并且强调一旦计时开始,参赛者不能扶团队其他未参赛人员,并且手不能扶凳子)

(4) 各组总结本轮活动情况,交流分享如何才能更好更稳地做好。

(5) 教师点评第一轮比赛,给各组人员打气,总体以鼓励为主。

4. 第二轮活动

（1）教师公布第二轮活动要求：各个小组同时比赛，每组所有成员同时参加比赛，标准地坚持60秒钟即为成功，每人身下的凳子要自己负责撤出去，并在即将结束时放回来。

（2）每个小组自行练习，教师巡视并就学生疑问作答。

（3）各个小组同时开展比赛，教师计时。

5. 第三轮活动

（1）活动要求：全班所有学生共同参加一次"人体悬浮"大挑战。

（2）在班干部的组织下，全体学生沿同一时针方向围坐成一个合适大小的圆圈，慢慢躺在后人腿上，然后将凳子慢慢抽出来。

（3）由文艺委员起头，大家共同唱首歌。

交流分享

1. 要做好这个活动，需要注意哪些动作要领？各有哪些象征意义？

2. 活动要求我们每一个人怎样去做？离开团队，这个活动还能成功吗？

3. 最初看到几个人在老师指导下示范这个活动时，你害怕吗？最终你亲自一次甚至是多次成功地、轻松地完成了这个活动，你有哪些感触？

4. 上课之初，几乎所有人都认为不可能的事情，大家却用实际行动验证了"我能做到"，这给我们哪些启示？

建议与说明

1. 本节课应提醒学生注意安全，腰腿有伤病者要量力而行。

2. 在活动的练习阶段，率先尝试者通常都是较大胆且身体较强壮的男生，在他们的带动和鼓励下，其他人才逐步参加到游戏中来，但也难免有个别女生胆怯恐惧退缩，教师要及时发现并给予她们鼓励、指导和特别防护。

3. 第一轮活动时，教师要指导并组织其他人做好安全防护工作，每个人都盯在一位参与者旁边，负责及时抽放凳子并做好协助和防护，这样既能给游戏者信心和安全感，也能切实杜绝安全隐患。

4. 两轮活动均要求只要标准地坚持规定时间即获满分，而没有要求继续比拼从而各组分出个名次来，既是为学生的安全问题考虑，也利于营造一种"努力即可获得成功（好成绩）"的良好氛围。

例 038　团圆坐走——坚持、毅力

1. 拉进同学们之间的身心距离。
2. 培养具有坚持毅力的品质。

秒表 1 块。

将全班分为每组 8～10 人的若干小组。

1. 初期准备
(1) 各组选择组长，并确定八个字的小组口号。
(2) 学习一种鼓掌的节拍：啪啪啪、啪啪啪、啪——啪——啪！
2. "团圆坐"活动
(1) 请一个小组到前台，在教师讲解与指导下示范如下动作：小组所有人紧密地围成一个向心圆，半面向右转，队长左脚不动，其余学生左脚脚尖紧挨前人脚后跟，所有人左脚形成一个封闭的圆。双脚适当靠

拢，双手放前人肩上或搂住前人腰，在统一口令下坐在后人腿上，听到教师喊"大鹏展翅"口令时，每人伸出右臂展平或慢慢上下摇摆，听到教师喊"口号"口令时齐呼小组口号，然后举双手按照之前学习的节拍鼓掌，完毕后双手可以归位。隔大约 10 多秒钟后教师再次下达"大鹏展翅"口令，如此循环下去。

（2）教师讲解活动规则：要求各组按上述规则坚持 4 分钟为满分，出现下列任意一种违规现象为失败，就要被淘汰出局。这些违规现象包括：小组圆圈散开或有人触地或倒下；在"大鹏展翅"口令时不能将右臂伸出来并坚持到该拍手时；鼓掌时不能双手鼓掌。

（3）各组练习，教师指导。

（4）各组同时比赛。教师适时大声询问各组到底有没有信心坚持？能不能争取满分？

（5）就这一活动进行简单的交流分享。

3."团圆走"活动

（1）教师讲解活动要领：围圈坐在后人腿上后，每人双手紧搂住前人的腰，全体整齐地小步转圈走，走的步子越多越好。

（2）教师讲解比赛规则：每队只有连续的两次机会，计其中最好成绩；每次机会中只允许有两次暂停，但每次暂停时只是停止前进，不能起立，时间不能超过 20 秒；每人要蹲下虚坐在后人腿上，经屡次警告动作仍不到位的将宣告停止。

（3）各组商量后汇报活动目标，即预计能坚持多少步。

（4）在各队将目标报上来后教师透露信息说，某次青少年特训营中，在队友个头差别极大的不利条件下，最好成绩是1300多步。

（5）各组练习，教师指导。

（6）各组分别依次进行比赛，教师为他们查步数并监督，其他小组为他们加油鼓劲。

 **交流分享**

1. 活动中,你在体力不支的时候,为什么依然能够坚持下来?
2. 团圆坐活动,在成功坚持到最后的时候,你可能觉得一点也坚持不下去了,但如果教师一开始规定 5 分钟为满分,你肯定也能坚持下来,这说明了什么呢?
3. 团圆走比赛,后参赛的小组通常成绩更好,这又是为什么呢?
4. 活动中你的信念及言行表现对于自己能否坚持有哪些影响?每个人的言行表现对于他人能否坚持有哪些影响?我们怎样才能打造一个更有战斗力的集体?

 建议与说明

1. 本节课应提醒学生注意安全,尤其是腿脚有伤者可声明退出。
2. 在活动中,每个组用来围成一个封闭圆圈的脚,可以是左脚,也可以是右脚,只要各组内部统一即可。
3. 在进行团圆坐的准备动作即每人的左脚围成一个封闭的圆圈时,有的小组久久不能完成任务,教师要及时指导。
4. 在"团圆坐"阶段,先平伸右手,而后高呼小组口号并伸双手鼓掌,既是为了增加难度,也是为了用学生自身的声音和动作来鼓舞自己的士气,锻炼学生团结、坚持的精神。
5. "团圆走"比赛时,通常会出现较明显的后赛小组成绩更好的现象,这很好地体现了各组在竞争中共赢的道理。
6. "团圆走"活动也可变通为:每组全体成员排成纵队,每人坐在后人腿上,在统一口令下齐步前进或后退。

例039 牙签接力——细心、抗扰

 活动目标

1. 营造快乐气氛。
2. 拉进同学们之间的身心距离。
3. 引导异性同学间的正常交往。
4. 锻炼抗干扰能力。

 活动准备

牙签，橡皮圈，秒表，欢快音乐。

 学生分组

将全班分为每组8~10人的若干小组，每组人数尽量相同。

 活动流程

1. 教师讲解活动要求

活动用具：每人一根牙签，每组有足够多的橡皮圈。

活动任务：在规定时间内，用牙签把尽量多的橡皮圈从排头传递到排尾。

活动规则：

(1) 每组所有成员站成一排，位置自定。

(2) 每人一根牙签，牙签尖头放进嘴里并注意安全。

(3) 排头面前放着足量的橡皮圈，排头每次拿一根，挂在自己口衔的牙签上，向排头旁边的同学传递橡皮圈，并依次传递下去，直到传递到排尾口衔的牙签上，然后由排尾用手取下来，并查清数量。

(4) 传递过程中，每人的手不能动橡皮圈，每次只能传递一根，橡皮圈如果掉落不能捡拾。

2. 第一阶段活动

(1) 各组领取活动用品，做好分发和摆设。

(2) 各组在组长组织下站成一排，每两人间距离适当，尝试练习。

(3) 5分钟比赛时间。教师播放欢快音乐，并进行巡回监督。

(4) 通报各组成功传递的橡皮圈数量。

(5) 把掉落在地上的橡皮圈捡拾起来。

3. 第二阶段活动

(1) 教师宣布新的活动要求：全班各组分两批次分别参赛，暂时不参赛的小组负责监督和干扰；干扰的方式不能是直接触碰，要求是用语言、动作、表情等来影响参赛人员的情绪，从而干扰他们的传递。

(2) 全班一半的小组在组长组织下分别站成一排，每两人间距离适当。

(3) 5分钟比赛时间。教师播放欢快音乐,并进行巡回监督。另一半的小组负责监督和干扰。

(4) 5分钟时间过后,交换角色。

(5) 通报各组成功传递的橡皮圈数量。

(6) 把掉落在地上的橡皮圈捡拾起来。

4. 第三阶段活动

(1) 教师宣布新的活动要求:各组参赛时要求必须男女交叉排列,其他要求不变。

(2) 全班一半的小组在组长组织下分别站成一排,男女最大程度交叉排列,每两人间距离适当。

(3) 5分钟比赛时间。教师播放欢快音乐,并进行巡回监督。另一半的小组负责监督和干扰。

(4) 5分钟时间过后,交换角色。

(5) 通报各组成功传递的橡皮圈数量。

(6) 把掉落在地上的橡皮圈捡拾起来。

交流分享

1. 要想在两人间按照规则成功传递橡皮圈,需要注意哪些事项?

2. 活动过程中你快乐吗?为什么会快乐?

3. 两人间要这样近距离面对面地操作,你最初是不是感到有些不自然呢?后来呢?

建议与说明

1. 应提醒学生注意安全,以防牙签伤到自己或他人。要求必须把牙签尖头放在自己嘴里,防止伤到对方。

2. 第一、二阶段活动时如何站位未做具体要求，因为当时如果男女生距离太近，怕放不开，但毕竟有一个男生与女生挨着，对于处于青春期的学生来说，第一个敢于挑战的女生和男生就是一种突破。第三阶段活动在前两阶段的基础上要求所有男女生间隔排列，是为了让学生进一步放开自我，让他们体会到异性之间真的没有那么多的隔阂，从而引导异性同学之间的正常交往。

3. 一开始比赛不能进行干扰是因为活动刚开始大家还不熟悉传递的技巧，配合还不是很默契；而进行声音干扰特别是男女生之间传递时的干扰能很好地锻炼学生的抗干扰能力。

4. 传递过程中如果出现个别学生有用手碰橡皮圈或一次传递多个橡皮圈的现象，教师要随时纠正，没收橡皮圈，从而培养学生的规则意识。

5. 在需要学生干扰时，教师要讲清楚这样做是课堂的需要，是对课堂的配合，而不是违纪破坏行动，从而打破他们的心理藩篱，让自己放开，投入到快乐的干扰工作中去。

6. 第二、三阶段活动中，也许会有学生用手机进行拍照，老师可以默许此举，因为这也是对游戏者很好的心理干扰，但下课前要强调不可将这些照片用作搞恶作剧或其他可能对当事者造成不良影响的事情。

例 040　盲人布阵——沟通、计划

活动目标

1. 学习人际间的非言语沟通。
2. 强化对集体的归属感。
3. 培养指挥与服从间的默契感。

活动准备

眼罩每人1个，8米长绳每组1条。

学生分组

将全班分为每组8~10人的若干小组。

活动流程

1. 教师宣布活动要求

（1）每人扮演"盲人"，体验"盲人"的黑暗生活。

（2）每人同时扮演"哑巴"，不许故意在口鼻里发出任何声音。

（3）小组中每人在被打乱位置的前提下要找到自己的队友，要求小组人员准确完整。

（4）每组找到自己的绳子，届时按照教师宣布的要求，将绳子拉成

最大的规定形状，并使队员均匀排列在绳子边缘，然后缓缓把绳子放到地上并用脚踩住。

2. 分组商定沟通方式及行动方案。

3. 游戏活动准备

（1）学生按小组各自围成一圈，各组相邻且均分布在团体辅导室中心位置的四周，不许发出任何声音。

（2）教师为每人分发一个眼罩，要求学生戴好。

（3）学生在老师口令下原地转三圈，试探着向前、向左迈几步，最后再次原地转三圈。

（4）教师把绳子悄悄地放在各组位置的角落。

4. 第一轮游戏

（1）教师宣布本轮比赛各组排队的标准（例如把绳子拉成一个最大的正方形）。

（2）每组学生摸索着找到自己的全部队友和绳子后，尝试按要求排列起来。

（3）教师对各组活动情况进行观察、监督，并做好保卫工作，防止学生碰撞到有实际危险的物品。

5. 揭示活动结果

（1）教师公布各组的完成顺序情况。

（2）所有组员原地不要动，组长先摘下眼罩检查自己小组人员是否准确完整。

（3）在每人双脚原地不动的前提下，其他学生也摘下眼罩，查看自己及其他小组布阵情况。

（4）老师根据活动要求检查组员在绳子边缘的排列情况、绳子形状规范情况以及是否是最大的面积。

6. 交流活动的经验教训

（1）小组内部交流。

（2）全班集体分享。

7. 第二轮游戏

要求将绳子摆成最大的圆形，其他要求不变。

8. 第三轮游戏

要求将绳子摆成数字3的形状，其他要求不变。

 **交流分享**

1. 在活动中，我们各组是如何策划的？组员又是如何实施的呢？

2. 每一轮活动的经验教训对于下一轮活动有哪些影响呢？

3. 在大家都不能说也不能看的条件下，我们是如何实现沟通从而逐步达到默契的呢？

4. 活动中你们遇到了哪些挫折？又是如何应对的呢？

5. 在久久不能找到自己集体的时候，你是什么感受？终于回到集体怀抱的时候，你又是什么感受呢？

6. 这次活动还给你带来哪些体验与感悟呢？

 建议与说明

1. 事先强调规则和纪律的重要性，营造一个良好的秩序和公平的氛围。

2. 如果有个别学生出现讲话或偷看等作弊行为，可先给予公开警告，如果再犯，可判其小组因犯规被罚退出游戏，集中在一个角落中继续戴着眼罩静待本轮游戏结束。

3. 学生蒙眼转圈和移位时，要提醒学生小心试探着行动，教师要适时帮助移到辅导室边缘的同学调整位置和方向。

4. 学生投入性较好，活动有较强的趣味性和一定的宣泄性，学生的体验与领悟可以是发散性的、生成性的。

5. 此活动宜在冬季开展，因为夏季学生穿衣较少，同学间（特别是异性间）的身体接触，可能会让一些学生产生抵触情绪。

6. 活动变通1：教师预先悄悄给各组的绳子打上几个结，并故意无序盘绕在一起，这样既可以增加活动难度，也能启示学生不可忽视细节。

7. 活动变通2：不借助绳子，请各组全体成员排列成规定的形状。

8. 活动变通3：每组设1~2名观察员，不参与游戏，负责观察本组学生活动过程中的各种表现，每轮游戏结束后给予反馈和点评。

例041 穿越丛林——理解、友谊

1. 体验互相帮助带来的快乐,学习换位思考。
2. 增进班级同学之间的友谊,增强凝聚力。
3. 体验管理者与被管理者的关系。

眼罩每人1个,哨子1把,助教1名,提前研究确定户外穿越路线。

将全班分为每组8~10人的若干小组。

1. 教师讲解活动要求

(1) 由班长带领全班同学进行丛林穿越活动。

(2) 组长不直接参与穿越活动,而是站在本组队伍之外,负责提醒并保护组员安全行走。

(3) 除班长和组长外,每人一个眼罩。

(4) 这是一个班级所有成员共同进行的活动,所有人只有密切配合才能完成。

（5）每个人与相邻的同学手拉手，不能放开。

（6）每个人都要随着前面的同学行走，任何人不要抢路，不要前拉后拽，要照顾前后的同学，要注意及时提醒。

2. 学生活动准备

（1）组长组织各组成员站成一排。

（2）组长分发眼罩，组员戴好。

（3）全体组员彼此手拉手，连成一支队伍。

3. 穿越丛林

（1）助教走在最前面，用行动示意班长行走路线，控制行进速度，并在过程中保护组员安全。

（2）教师跟在队伍中间靠后一点的位置，中间如果有断开的情况及时叫停，协助组员把手拉起来。对生拉硬拽的学生及时警告。

（3）组长游走在各小组队伍前后，及时用语言和行动提醒并保护学生安全。

（4）行进到大约一半路程时，暂停穿越，请班长来到队伍尾端，排尾变排头，继续按规则慢慢行进，直至安全返回团体辅导室。

 交流分享

1. 当你戴上眼罩，眼前一片漆黑时，你的内心有什么感觉？在你与

左右相邻同学手拉手,加入全班整体队伍时,你的内心有了什么变化?

2. 当你上下楼梯的时候,当你穿越丛林的时候,当你遭遇坎坷的时候,你有没有遇到危险?有没有人帮助你?是谁帮助了你?你又有什么样的想法和感受?

3. 活动中我们穿越行走的路途是曲折和坎坷的,有很多的磕磕绊绊,回顾你从小到大的成长历程,在学习和生活的道路上,是不是也像今天这样遇到许多坎坷呢?是哪些人帮助你一路走来的?

4. 开始和返回的角色是不同的,你有何不同的想法?

5. 对于活动中一直在提醒、指导、唠叨、管教我们的组长等人员,你有些什么感情要表达呢?他们又象征着我们人生中的哪些人呢?

6. 全班集体穿越丛林过程中所发生的一切,是否触动了你的心灵?它让你还有哪些感受呢?

 建议与说明

1. 该活动也可自始至终都在户外进行,但必须要保证活动后的交流分享会一定要有一个安全安静的环境。

2. 教师和助教要提前考察地形,确定好行进路线,保证路线中有足够的坎坷曲折,能够考验学生的互助行为与团队精神。

3. 实施过程中教师和助教要保证所有同学不会有大的危险,提醒组长做好组员的安全提醒与保护工作。

4. 开始行进前就要让学生统一把眼镜交到一个袋子里,返回后交还学生,这样可以保证学生物品的安全。

5. 实际行进过程中学生难免出现拉扯现象,教师要及时提醒和制止,防止学生被拽倒或者中间断开;要及时提醒学生不要抢路,以防抢路的同学碰到头或跌倒。

6. 行走来回路线不同，打破了学生的思维定式。返回时排尾变排头，这样原来受人帮助的排在后面的同学变成了要帮助别人的排在前面的同学，有助于培养学生换位思考的能力。

7. 本活动通常在户外进行，学生比较兴奋，要有序地组织，虽然保证所有学生都听话有些困难，但总体而言，这次活动可以很好地培养学生的大团队精神，增进同学之间的友谊。

例042 纤夫拉船——挫折、理解

1. 体验团结协作、步调一致的重要性。
2. 感悟挫折与成功。
3. 体会不同角色的感受,学会换位思考。

毯子(0.9米×2米)1块/组,助教1名,代表起点和终点的标识线两条(相距5米左右)。

将全班分为每组8~10人的若干小组。

1. 游戏情境创设

在起点线和终点线之间的区域是广阔的河面,我们每组成员要集体乘船在两岸间往来。特殊的是,小船没有任何动力,小船的前进要靠纤夫来拉动;代表小船的,就是这块毯子(教师出示);起点线和终点线外是安全的港口,是小船的停泊口岸。

2. 公布活动规则

（1）各组每次只能由做纤夫的同学来拉船，小组其他所有人必须全部在小船上，一次性过河。

（2）过河过程中小船上任何人身体的任何部位不能接触河面或落船，否则视为犯规。

（3）出现违规的小组要退回岸边重新过河。

（4）小船要在起点线后的港口出发，到达对岸港口后，换另一人做纤夫再将小船拉回起点线后才为成功。

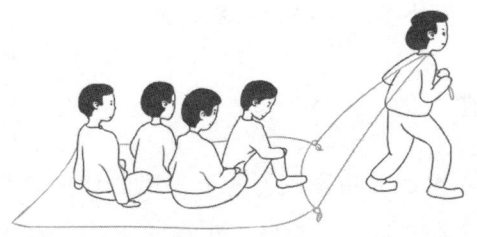

3. 第一轮活动

（1）教师为各组分配活动场地，每组分配一块毯子，组长组织进行商讨和练习。

（2）各组同时进行比赛。教师和助教做裁判监督，发现任何违规立刻责令小组返回重做。

（3）完成任务的小组压手喊口号庆祝成功。

（4）讨论游戏的得失成败及活动要领。

4. 第二轮活动

（1）教师公布活动要求：活动路程仍是一个来回，但已做过纤夫拉船的同学必须换人。

（2）组长组织进行商讨和练习。

（3）各组同时进行比赛。教师和助教做裁判监督，发现任何违规立刻责令小组返回重做。

（4）完成任务的小组压手喊口号庆祝成功。

（5）讨论游戏的得失成败及活动要领。

5. 第三轮活动

（1）教师公布活动要求：本轮活动为接力拉船过河，所有没有做纤夫的同学，每人必须成功拉船到对岸。

（2）组长组织进行商讨和练习。

（3）各组同时进行比赛。教师和助教做裁判监督，发现任何违规立刻责令小组返回重做。

（4）完成任务的小组压手喊口号庆祝成功。

 交流分享

1. 刚才每个小组都成功完成了若干来回的纤夫拉船过河活动，但每轮每组的完成情况各不相同，都经历了许多挫折，在你的小组一次又一次地因为队友的失误而返回重做时，你对造成失误的队友有哪些情绪和行为表现？你对自己小组久久不能完成任务流露出哪些情绪？在现实的班级生活中，我们的许多目标遭遇挫折时，你又是怎么做的，怎么表现的呢？

2. 此活动中，每位同学既当过乘客，又做过船夫，扮演这两种不同的角色时你各有哪些不同的感受呢？在现实生活中，我们每个人也扮演着不同的角色，有时是指挥者，有时是被指挥者，有时是评论者，有时是被评论者，有时是先进者，有时是落后者……通过这个活动你对身边的一些人又多了哪些理解呢？

3. 纤夫拉船过河活动中，你服从小组指挥了吗？你与队友步调一致吗？你管好自己的手和脚了吗？你对于你小组的任务起到了什么样的作用呢？现实生活中你又是怎样对待自己和他人的呢？

4. 通过这个活动，你还有哪些感受和收获呢？

建议与说明

1. 本活动竞争激烈，运动性强，活动量大，宣泄性强，学生喜欢参与，体验深刻。

2. 如果各组人数不完全相同，可请多余的同学做助教来监督。但有时有些同学愿意坚持参加活动，这时可解释说人数多的小组会稍稍吃亏一点，问人数多的小组服输吗？他们都会说不服输，于是正常进行比赛。

3. 活动时学生曾尝试全组成员站在船上不动，企图由纤夫使用蛮力拉船，结果自然是拉不动，于是逐步探索出办法：有人大声喊"一、二、跳"，船上所有乘客整齐跳起，纤夫借机将小船向前拉动一点距离。

4. 游戏比赛中会出现配合不利而有学生站立不稳"触水"的违规情况，但不会出现安全事故。

5. 第一轮比赛时教师和助教一定要严守规则，稍有犯规就要宣布返回重来。一是故意使学生受挫，二是利于形成严谨的作风，便于后两轮比赛顺利进行。

5. 每班各组进行第一轮比赛时都出现了多次犯规，甚至有的小组几分钟内都不能使小船移动半步，但第二轮比赛时相对要顺利一些了。

6. 如果在某一轮比赛时，仅剩一组因故久久未能过河，为了节省全班时间，可宣布他们在每次违规后，可于原地调整后继续前进。

7. 如果允许各组学生分批过河，便会出现两三人坐于毯子上，纤夫硬拽毯子使之滑行过河的局面，难度过低，学生难有体验，故要强调各组必须全体成员一次性过河。这么大面积的毯子，其上站8～10个人难度适中。

8. 要求每人轮流体验做纤夫，目的是使学生感受更为深刻，学会换位思考。

例 043　蜈蚣翻身——感恩、付出

活动目标

1. 感恩他人的奉献与付出。
2. 培养合作意识和团队协作能力，懂得为团队和他人付出。
3. 体验竞争与合作带来的压力与快乐。

活动准备

助教 1 名，哨子 1 个。

学生分组

将全班分为每组 8~10 人的若干小组。

活动流程

1. 明确活动规则（教师先带领一个组进行动作示范）

（1）每组学生手拉手站成一排，组成一条"大蜈蚣"。

（2）要求第一位队员依次从第二、三人拉手处，第三、四人拉手处……一直到队伍最后两位的拉手处钻过去，第二位队员、第三位队员……跟随前面的队员一直钻完所有的拉手处。（每人必须严格走前人路线）

(3) 在"翻身"过程中，手不能断开，如果断开则返回重做。

(4) 完成"蜈蚣翻身"越快越好。

2. 第一轮活动

(1) 各组进行练习。

(2) 各组同时进行比赛，教师与助教做好监督，让违反规则的小组及时返回重做。

(3) 完成任务的小组压手喊口号庆祝成功。

(4) 各组总结活动的经验教训。

3. 第二轮活动

(1) 规则变化：在以上规则的基础上所有人不能讲话，在他人胳膊下面钻过时不能有身体接触，违规则返回重做。

(2) 各组练习后同时参赛。

4. 第三轮活动

(1) 活动变化：自排头开始，每人在他人拉手的胳膊上面跨过去，其他规则不变。

(2) 各组练习后同时参赛。

5. 第四轮活动

(1) 规则变化：在第三轮活动规则的基础上，所有人不能讲话，跨越时不能有身体接触，违规则返回重做。

(2) 各组练习后同时参赛。

 交流分享

1. 在快速完成活动任务时，各组遇到了哪些困难？又是怎样克服的？

2. 如果只有一个小组参加活动，我们还能如此快速地完成任务吗？这说明了什么？

3. 在竞争的基础上，各个小组之间有没有合作？表现形式是什么？

4. 为了尽快完成集体任务，小组内每人都会尽自己最大努力，但每人的贡献通常不会完全相同，哪些人贡献最大？我们在内心是如何看待他们的？

 建议与说明

1. 活动开始时，在青春期初期的班级中的男女之间可能会有些放不开，不好意思拉手，在老师强调平等、真诚、开放后大部分学生通常都能够放开，这对同学之间打破男女界限、促进男女交往有一定的帮助。

2. 活动中教师要允许学生创新，特别是如果能够在活动前的队伍排列上巧做文章，可以大大缩短完成时间。例如有的小组使相邻队员的身体方向相对，有的小组预先把队伍排列成 S 形等等，都会大大提高游戏成绩，体验到创新的快乐。

3. 活动规则要求手不能断开，但要提醒学生一只手在另一个人的手中翻转并不违规。

4. 教师在监督时要注意把握：完成任务的标志是还原为游戏前正常手拉手的状态，如果有人双手的方向背着，或者身体的方向与游戏前不一致，实际上是没有完成游戏任务。

5. 活动变通 1：要求所有人把双手搭在前人的肩膀上，进行蜈蚣翻身，比现行活动形式要困难，更有挑战性。

6. 活动变通 2：第三、四轮活动时，要求每个人的腿必须保持直立地站在地上，膝盖处不能弯曲。这种活动规则下，每个人在等待他人从自己手上跨越时，必须主动深深地弯下腰。此举有助于引导学生感悟他人为自己低头弯腰躬背的辛苦。

7. 学生交流分享中可能涉及的其他要点有：带头人的作用；少走弯路；讲究技巧；处事不惊；坚定、明确方向；学习吸取他人经验教训；要合作；要有耐心、速度与质量的权衡；注意细节等等。

第四单元
综合主题拓展活动例举

例044 跳行长蛇

1. 增进小组间协作配合，培养合作意识。
2. 提高耐挫力，培养坚持、坚强的意志品质。
3. 学会换位思考，体会相互服务、相互支持的关系。
4. 学会在集体中相互鼓励和欣赏。

操场等平坦的较大空间，相距8米的起点线和折返线两条。

将全班分为每组8～10人的若干小组。

1. 准备动作

每组排成一排，由组长带领进行准备活动，活动一下腿脚。

2. 第一阶段活动

（1）教师讲解活动要求：小组内两人一组进行接力比赛，一前一后，前人将一条腿向后抬起，由后面的人抬着脚腕处，后面的人也要将一条腿抬起，两人共同蹦跳前进,到达折返线后,互换位置,按照同样规则返回起点(教师进行示范)。在前进的过程中,抬着腿的手不可以松开,否则返回重做。

(2) 学生结伴练习。在练习阶段,教师要指导学生积极参与练习,及时回答学生的疑问。

(3) 所有小组同时进行比赛,教师做好监督,让违反规则的同学及时返回重做。

(4) 各组完成后压手喊口号。

3. 第二阶段活动

(1) 教师讲解活动要求:每组所有人站成一列,后面的人抬前面人的一条腿,共同蹦跳前进,到达折返线后,排尾变排头,按照同样规则返回起点;在前进的过程中,抬着腿的手不可以松开,否则返回重做;前进和返回时最后一个人需要过折返线和终点线才算完成任务。

(2) 各组进行练习。在练习阶段,教师要指导学生积极参与练习。

(3) 所有小组同时进行比赛,教师做好监督,让违反规则的小组及时返回重做。

(4) 各组完成后压手喊口号。

4. 第三阶段活动

(1) 教师讲解活动要求:小组内两人一组进行接力比赛,一前一后,前人抬后人一条腿,前面的人也要将一条腿向前抬起,两人共同蹦跳前进,到达折返线后,互换位置,按照同样规则返回起点(教师进行示范);在前进的过程中,抬着腿的手不可以松开,否则返回重做。

(2) 学生结伴练习。在练习阶段,教师要指导学生积极参与练习,及时解答学生的疑问。

(3) 所有小组同时进行比赛,教师做好监督,让违反规则的同学及时返回重做。

(4) 各组完成后压手喊口号。

 **交流分享**

1. 各组同学的体力肯定各不相同，你们小组是怎样让弱小的同学也能成功完成任务的？
2. 你在活动过程中，有没有产生因为太累而要放弃的想法，但最终你是怎样坚持下来的？
3. 活动中，你发现哪些人的哪些表现最值得学习和赞赏？
4. 这个活动对于我们的学习和人生有哪些启示？

 建议与说明

1. 本活动要求有较大宽阔的平坦空地，通常被安排在户外。但户外学生容易兴奋，纪律难控制，所以活动之初就要强调各组的纪律，各组长管理好自己的小组。
2. 为防止学生跑跳时扭伤脚，活动之初让学生活动一下手腕脚腕。
3. 该活动的强度与起点线到折返线之间的距离有很大关系，距离越长难度和强度越大，要根据不同年龄学生的体力情况，选择适当的距离。
4. 活动中学生体力消耗非常大，无论是两人接力还是全组共同进行，通常都会有反复重做的现象，对学生的耐挫力是一个很好的锻炼和提升。
5. 活动过程中大部分学生都能坚持下来，个别体质差的学生出现头疼、恶心、喘息特别急促的现象，对于这样的学生，可以适当放松要求，甚至让他停下来慢慢走走，退出活动。
6. 教师要倡导学生对于身体素质不太好、反复返回的同学给予鼓励和帮助，并鼓励先完成的小组给落后的小组加油助威。

例 045　孤岛护宝

1. 提升团队成员的配合与协作能力。
2. 增强对集体事务的关注度。
3. 体会分工与合作的辩证关系。
4. 懂得珍惜人生中美好的事物。

助教 1 名/队，秒表 1 块，气球若干，扎口用的细线，90cm×200cm 的毯子 1 块/队。

将全班分为每组 8～10 人的若干小组。（本案例为每组 10 人）

1. 准备活动
（1）由体育委员带领大家充分活动头颈部，做热身活动。
（2）学生按小组紧凑地站在各自位置的毯子上。
2. 创设活动情境

(1) 教师讲述游戏情境：我们各组在一次大海航行中，不幸落水各自漂流到一个小小的孤岛上，为了有更充足的时间等待救援，对我们赖以生存至关重要的几件宝物必须要保护好，但它们的保管条件十分苛刻，既不能拿在手中，也不能流落在孤岛上或海水中，而是必须让它们飘浮在孤岛的上空。

(2) 教师展示游戏道具：每组脚下的毯子代表孤岛，每组规定数量的气球代表我们必须要保护好的宝物。

3. 教师宣布游戏规则

利用集体的力量使规定数量的气球漂浮在孤岛上空，气球不能落到孤岛上或海洋中，也不能被人拿在手中；任何人不能接触到孤岛外的海洋；如果出现违规，喊声"报告"后复位继续；如果气球破损，立即补充一个，但要扣掉纪律分。每组一位教师或助教会监督各组的违规次数情况。

4. 各组练习

(1) 各组领取 5 个气球吹到适当大小并用细绳扎口后进行练习。

(2) 教师和助教巡回指导，并答复学生提问。

5. 第一轮活动

(1) 各组同时参赛，3 分钟比赛时间，教师和助教做裁判监督。

(2) 教师公布本轮活动各组成绩情况（违规次数）。

6. 第二轮活动

(1) 各组气球数量增加到 7 个，先进行简单练习。

(2) 各组同时参赛，3 分钟比赛时间，教师和助教做裁判监督。

(3) 教师公布本轮活动各组成绩情况（违规次数）。

7. 第三轮活动

每组 9 个气球开展游戏。

8. 第四轮活动

每组 10 个气球开展游戏。

5. 第五轮活动

每组 11 个气球开展游戏。

 **交流分享**

1. 各轮比赛前的准备，包括气球充气量的多少，气球口扎得是否结实，全组是否进行了有针对性的商讨和练习，对于比赛成绩有哪些影响？

2. 要按要求将气球飘浮在孤岛上空并坚持 3 分钟，我们遇到了哪些困难，是怎样克服的？

3. 气球的数量由少到多，难度也越来越大，你们是怎样分工的？对于自己负责的气球和意外飘落到自己面前的气球各是怎样处理的？这对于我们做好班级集体事务有哪些启发？

4. 我们细心呵护的这些气球，象征着我们日常班级生活中的哪些宝贵的东西？我们应该如何更好地善待它们呢？

 建议与说明

1. 每组使用的气球尽量有不同颜色，五彩缤纷的气球飘浮在辅导室上空，就像大家放飞美丽的心情，大家紧张又兴奋，较好地实现了宣泄放松的初级活动目标。

2. 气球数量的多少，以最终逐步达到并超过每人一个为宜。

3. 活动所用气球最好由各组自己吹起来，这样，气球吹起的大小与扎口的松紧则由各组自行承担，可以让学生学会自己做事自己承担。

4. 每轮比赛时间的长短，以不使学生在游戏中因总是仰头而致颈部过于疲劳受伤为宜，最初 3 分钟或稍长一点，最后几轮可稍短一些，并且每轮活动后提醒大家放松一下颈部肌肉。

5. 此活动根据气球易飘荡的特点，需要关闭门窗和风扇，所以活动时间不宜选择在炎热的夏季。

6. 如果各组人数不完全一致，前期基本可以平等竞赛，倒数第二轮时统一到平均每人一球，最后一轮统一到气球比人员多一个。

7. 学生发言所谈的感悟可能主要会有：把气球比作班级荣誉、友情、时间、生命，表达细心呵护为之努力之意，关于诚实，坚持与希望，细节影响成败，相互帮助获得友谊，人员排列智慧，举手之劳利人利己，关于过程与结果的关系，胜不骄败不馁，对队友的失误要宽容等方面。

8. 活动变通1：用绳子圈定一个范围作为孤岛，或者用胶条在地板上粘出一个圆圈作为孤岛，增大或缩小孤岛的面积。

9. 活动变通2：游戏中如果气球违规就暂时将该气球没收，如果人员违规就视为牺牲淘汰出局，每轮最后查点各组剩余气球和人员的数量，以此确定各组成绩。

例046　履带战车

1. 提高相互配合与相互协作能力。
2. 锻炼策划能力、动手操作能力、思维创新能力。
3. 培养细心、严谨的品质。

助教 1 名，秒表 1 块，剪刀 1 把/组，宽胶带 1 卷/组，相距 5 米的起点线和折返线各一条，预先请学生准备 4 开报纸 2 张/人，并于上课前交给老师。

将全班分为每组 8～10 人的若干小组。

1. 游戏情景模拟

在硝烟弥漫的战场上，每个小组均驾驶着一辆履带战车执行战斗任务，不幸的是，战车的一条履带被敌人的炮火炸断不能使用了，各组必须尽快重新制作一条履带，并继续驾驶战车行进，才能保证完成任务。

否则，我们将会全军覆没。

2. 制作报纸履带

（1）给每组分发物品：剪刀1把，宽胶带1卷，报纸16张。

（2）制作要求：每张报纸不能折叠，将全部报纸用胶带粘成尽量长的圈状履带。（教师展示以前班级制作的报纸履带）

（3）各组在各自位置按要求制作。教师巡视指导，并回答学生提问。

3. 驾驶战车

（1）教师提出游戏要求

①履带坦克行驶路线：要求履带坦克从起点线后出发，到达对面折返线后倒行回起点。

②具体规则：各组同学必须全部站在履带里，靠集体力量开动战车前行，如果履带出现破损要就地修复后继续前行，返回时需要全体成员倒退行驶。

（2）各组同时参赛，驾驶履带战车前进，到达折返线后倒退回到起点线。

（3）教师和助教为各组计时，监督比赛规则执行情况。

（4）请各组剪去一张报纸重新黏合，并进行适当的修补和巩固。

（5）各组同时进行第二轮比赛。

交流分享

1. 履带制作的质量是否精细，对于驾驶是否顺利有哪些影响？这对于我们有哪些启发？

2. 驾驶履带战车顺利吗？你们遇到了哪些问题？又是怎么克服并解决问题的？

3. 你们事先的计划在实际操作中得到贯彻落实了吗？然后做了哪些调整？这又说明了什么？

建议与说明

1. 每个小组报纸的多少直接决定着活动的难易，通常10人规模的小组以16张报纸为宜，活动中具体要以学生的身高、人数和课堂对于游戏的难度要求为标准来确定报纸的数量，最终效果通常以所有人刚能站进履带里甚至个高者需要稍稍低头为宜。

2. 在制作报纸履带前进行规则讲解时，要提醒大家保护好报纸并严格按照要求操作，如果有其他班级学生制作的样品，教师最好展示一下，如果没有，也可将几张报纸放在活动室中间地上，边讲解边演示，防止学生不能正确操作，为后期的活动带来麻烦。

3. 在开动履带战车阶段，难免偶有学生将头或脚稍微探出履带的情况，提醒他们及时收回即可，可不按违规计。

4. 各小组开动履带战车阶段所用时间长短不一，从几十秒到十多分钟均有，主要取决于所提供报纸的多少，另外的因素有：排头与排尾的突出作用、履带的牢固度、运行口令是否统一、小组能否团结配合等。

5. 学生所带来的报纸可能大小不一，助教要及时整理，去除那些不适宜报纸，并使配发给学生的报纸尽量大小统一。（本文中所说的报纸是指4开报纸）

6. 在驾驶履带战车阶段，率先完成任务的小组可能会出现为参赛队加油指导甚至帮忙现象，这体现了大团队精神，教师要及时予以鼓励表扬。

7. 配发给学生的课堂活动用品中包含剪刀，教师要提醒学生注意安全。

8. 如果活动场地较大，也可要求各组驾驶履带战车前进到对面即为成功，但与要求倒退返回起点相比，即使运行路线长短一样，挑战性（难度）也会小一些。

例 047　精神高塔

　活动目标

1. 联系所创作品，感悟学习与生活。
2. 发挥集体创意，激发团队潜能。
3. 认识并体验个人在集体中的权利与义务。

　活动准备

报纸 8 张/组，剪刀 1 把/组，透明胶带 1 卷/组。

　学生分组

将全班分为每组 8～10 人的若干小组。

　活动流程

1. 活动导入

经过 3 分钟时间的集体创意并练习后，各组分别用新的创意形式来表达团结与士气。

2. 搭塔要求

（1）每组材料：报纸 8 张，剪刀 1 把，透明胶带 1 卷。

（2）活动内容：集体设计并制作一座精神高塔。

(3) 活动要求

①作品要能够体现自己小组或班级尽量多的优秀心理品质。

②给作品起一个名称,并能充分挖掘其中体现的积极寓意。

③作品可以是一件,也可以是一组。

④作品要充分进行集体创意,制作时分工协作。

3. 创造作品

(1) 每组所有成员围坐在一起,领取活动用品,集体设计并制作。

(2) 教师巡视指导,解答学生疑问,提醒各队抓紧时间。

4. 作品展示

(1) 展示准备:各组再研究一下作品的名称、内涵,确定解说员。

(2) 各组依次在前台展示作品。将作品充分展现给观众,主解说者大声清晰解释作品丰富而积极的内涵,其他成员可补充。

(3) 其他小组成员认真欣赏,不可否定和质疑,但可以补充挖掘作品的积极内涵。

5. 作品评论

(1) 各组讨论哪些作品最能体现集体的哪些优秀心理品质。

(2) 反思自己小组平时的实际表现与作品寓意之间是否有差距。

 交流分享

1. 在设计、制作和解释你们小组作品的时候,小组成员之间有没有不同意见?你们是如何解决争议的?

2. 你认为哪几件作品最精彩?为什么?

3. 大家对作品的评价是否统一?判断标准各是什么?

4. 哪几件作品最富有内涵?体现了哪些内涵?对我们有哪些启迪?

5. 怎样才能在今后的生活和学习中继续发挥我们的精妙创意?

建议与说明

1. 本活动强调建塔的心理寓意，但没有限定各组必须建造一座什么形状的塔，也没有限定各组作品评比的标准，只要求有个性创意，有丰富内涵。这样的活动要求更开放，便于学生进行多元评价，也更利于进行创新，开发潜能。

2. 最初给各组规定创造作品的时间为半小时，主要为让学生有时间紧迫感，实践中各队实际用时通常达到四五十分钟。

3. 教师要向学生强调安全以及注意事项，防止剪刀不慎伤人。

4. 各组用品也可再丰富，但通常根据其需要个别提供，如胶水、彩笔等。

5. 展示汇报阶段是本活动最精彩的部分，通常每组都能挖掘出许多积极的内涵，如爱心、信心、细心、爱好和平、团结友爱、感恩父母、开拓进取、勇攀高峰等等。

6. 本次活动不便于对各组进行分数考评，但学生的创新潜能却得到了充分发挥，从作品创作到内涵汇报均是如此。

7. 活动结束时，可请各小组把作品带回教室保存并继续展示，供大家欣赏。

8. 如果条件许可，课堂活动用纸最好是无字白纸；如果使用普通报纸，要预先将可能影响学生注意力的部分报纸抽掉。

9. 本活动实施中可能存在的问题有：个别小组创作太慢影响整体进度，个别人参与积极性不高，有时学生会分神在报纸内容上，创作的计划性、目标性不强，可能随时改变创意。

10. 如果教师能够在学生作品展示时进行录像，并能够在班级不同发展时期适时回放这些画面，不仅能够更大程度上保证学生参与活动的积极认真态度，而且可以保存精彩的活动画面，巩固活动效果。

例 048 翻转树叶

 活动目标

1. 拉进同学之间的身心距离。
2. 体验团结协作和相互支持。
3. 理解指挥与服从、管理与被管理的关系。
4. 学习乐于奉献、甘于付出的精神品质。

 活动准备

助教 1 名,90 厘米×200 厘米的毯子 1 块/组,秒表 1 块。

 学生分组

将全班分为每组 8～10 人的若干小组。

 活动流程

1. 创设活动情境

现在我们每一个小组都是一群蚂蚁,都是一支团结、勇敢的蚂蚁团队,在返回家园的途中,遭遇了大雨,被冲入一片积水地带,急于寻找安全的栖身之所。正在我们筋疲力尽之际,每一个蚂蚁团队都各自发现一片树叶并全都迅速爬了上去,却发现叶子的这一面沾满了毒液,我们

必须集体想办法迅速将叶子翻转过来才能安全求生。游戏中的树叶用毯子来代替（教师出示毯子）。

2. 具体规则

（1）各组所有成员站到毯子上后由老师统一宣布开始。

（2）活动起始时和完成时，毯子都必须是平整的。

（3）任何人的身体任何部位不能接触毯子外的地面或其他物品，否则重新开始。

3. 第一轮活动

（1）每组领取一块毯子在各自小组位置商讨和练习；教师和助教巡视，回答学生疑问。

（2）各组将毯子展平，全体成员站到毯子上，准备参赛。

（3）各组同时参赛，教师用秒表计时；教师和助教监督、裁判，发现任何违规现象立即责令重做。

（4）完成任务的小组立即压手喊口号庆祝成功。先完成任务的小组可为其他小组加油鼓励，也可给予具体指导，但不可动手代替。

（5）简单讨论游戏中的经验教训。

4. 第二轮活动

（1）规则调整：在第一轮规则的基础上，完成任务之前不许说话，否则重新开始。

（2）分组商讨、练习后进行比赛。

5. 第三轮活动

（1）规则调整：在第二轮规则的基础上，每组增加一只伤残蚂蚁，用一只凳子代表，这只凳子不能被长时间由组员抬着，除非必须移动时，其他时候它的四个腿都要正常放在毯子上，凳子上不许坐人或站人。

（2）分组商讨、练习后进行比赛。

 **交流分享**

1. 在试图将毯子翻转时,各组遇到了哪些困难?又是怎样克服的?

2. 在活动中,全组所有成员,尽量减少在毯子上所占的面积,为了尽快实现翻转叶子的集体任务,大家紧紧簇拥在一起,这是怎样的一种精神?

3. 三轮游戏,规则在逐渐增加,难度越来越大,各组却都成功完成了挑战,甚至完成任务所用的时间越来越短,这说明了什么?

 建议与说明

1. 本活动应提醒学生注意安全,特别是有同学被背起、被抱起、被顶起来时。

2. 在使用 90cm×200cm 的长方形毯子做"叶子"、每组八九个人的情况下,难度较为适宜,各组完成情况各异,最快者不到 1 分钟即可完成,最慢者需要 20 多分钟。

3. 第二轮不许说话的规则,通常不会给游戏增添多少难度,但锻炼了各组成员间的默契感。

4. 比赛中,在只有一个小组尚未完成任务且找不到思路的条件下,教师可允许其他小组成员上前指导,但不许动手相助。

5. 针对每个小组由于人员因素难度不一的情况,自第二轮开始,分别根据上一轮的完成情况给予不同的难度要求(规则不完全相同),有助于调动弱队积极性和强队的表现欲,但须征得各队同意。

例 049　平起平坐

1. 培养包容心态，学会体谅他人。
2. 培养竞争意识，认识强者胜出、弱者淘汰的自然规律。
3. 体现互帮互助的精神，促进团结。
4. 培养自律性和诚实度，提升自我品质。

助教 1 名，长约 4 米的竹竿 1 根/组，秒表 1 块。

将全班分为每组 8~10 人的若干小组。

1. 活动导入

关于仰卧起坐这项常见运动，询问大家一次能做多少个，请几位同学上场来比试一下。引出活动：以小组为单位进行仰卧起坐比赛。

2. 教师讲规则要求

（1）小组内合作，一半同学做仰卧起坐，另一半同学帮忙压住腿。

(2) 竹竿统一放到做仰卧起坐同学头颈后面，双手自头部两侧分别抓住竹竿。

(3) 仰卧起坐动作一定要求规范，必须是大家一齐起来才算一个，如果出现部分同学未起来其他同学就又躺下继续了，或者组员直接动手帮助其起来的情况，均视为无效。

3. 第一轮活动

(1) 教师宣布本轮比赛要求：不限制时间，不计较快慢，只需要做够 8 个即为满分。

(2) 各组商讨、练习，教师和助教巡视并解答学生疑问。

(3) 各组同时参赛。比赛过程中小组成员自己数清个数，教师和助教只在旁边观察有没有不标准的动作，一旦发现可以宣布个数减掉一个。

4. 第二轮活动

(1) 教师宣布本轮比赛要求：每组内同学互换角色，由刚才负责压腿的同学参加比赛，刚才比赛的同学负责压腿。其他要求不变。

(2) 各组商讨练习。

(3) 各组同时进行第二轮比赛。教师和助教分工做好监督和裁判角色。

5. 第三轮活动

(1) 教师宣布本轮活动要求：各组选出比赛中做得最快最好的一半同学参加比赛，其余一半学生负责帮忙压腿。时间限定为三分钟，在三分钟内仰卧起坐个数做得越多越好。在这个时间内可以做也可以休息，最后计算各组累积个数。

(2) 各组挑选成员，进行商讨和练习。

(3) 各组同时参赛。教师计时，教师和助教分工做好监督和裁判角色。

(4) 教师通报各组比赛成绩。

 **交流分享**

1. 集体仰卧起坐，各组遇到了哪些困难？又是如何克服的？

2. 各组成员体力不一，活动中难免出现动作不一致现象，你们是如何对待落后者的？是否做到了以实际言行包容他、帮助他？

3. 比赛时各组自行计数并上报成绩，大家是否做到了诚实、客观？

4. 经过前两轮活动，各组在第三轮时选派了哪些同学参赛？其他人要做他们的服务者，这公平吗？为什么？

5. 通过这个活动，你还有哪些思考和收获？

 建议与说明

1. 本活动中的主要道具，可以用竹竿，也可以使用硬且直的塑料管或钢管等。

2. 关于各组人数多少，可以以单根竹竿的长度来决定。

3. 第一轮比赛，8个并不是固定数，教师要根据学生的体力情况，在反复实践的基础上确定一个合适数字，以有一定挑战性为宜。

4. 实践中发现，第三轮比赛时间不宜太长，学生真正能用来比赛的时间也就1~2分钟，即使是将比赛时间定为3分钟，后半期通常各组都是休息一会儿后再继续比赛，很少有能够一口气做满3分钟的。

5. 教师和助教一定要严格要求动作的规范度，不可以让学生有侥幸心理，在各组上报成绩时，可以根据教师和助教监督裁判情况减掉一定的个数，此举可以考验和培养他们的诚实度和自律性。

6. 发言分享时，教师可以根据班级及学生的具体情况，提醒学生讨论：如何培养好自己的心态，如何不受到别人的干扰做好自己的事情，如何在平时大家"平起平坐"时让自己能够脱颖而出。

例 050　穿越雷区

 **活动目标**

1. 做事更加严谨、关注细节。
2. 不畏艰险，勇于挑战自己。
3. 通过在游戏中的表现，认识自我及他人的某些个性特点。
4. 由活动中的不同角色体验，领悟到人际交往中需要换位思考。

 **活动准备**

助教 1 名，眼罩 1 个/组，可充当地雷的物品（如泡沫垫、呼啦圈、塑料筐、凳子等均可）若干；场地布置——在活动室内划定各小组雷区（宽度一米半为宜，长度四到五米），做好起点和边界标识，均匀摆好充当地雷的各项物品，每组的布局要统一。

 **学生分组**

将全班分为每组 8~10 人的若干小组。

 活动流程

1. 创设活动情境

每个小组所有成员都是"战争时期"的通讯员，在一个漆黑的夜晚，有一份紧急情报需要尽快递交到军事指挥部，而路程是布满地雷的单行狭窄小道，幸运的是我们对地雷的分布非常熟悉。所有通讯员要在队友的指导下以接力的形式穿越雷区，将情报快速安全送达目的地。

2. 具体规则

（1）每小组所有人必须分别穿越雷区，每次仅限一人穿越，即踏入雷区的，只能是同一个人的两只脚。

（2）穿越雷区者需戴好眼罩。

（3）穿越路线是从起点出发，绕过最前沿一个地雷后返回，往返须绕开所有地雷。

（4）如有触雷或超出雷区，必须返回重新开始。

（5）其他队员可给予指导，但不准直接踏入雷区。

3. 第一轮活动

（1）各组到达指定的起点线后，商讨活动计划。

（2）每组分发一个眼罩，各组做好人员分配。

（3）教师统一宣布开始，各组同时参赛。每人依次戴眼罩尝试穿越雷区，其他同学在起点线后给予大声指导。教师和助教作为裁判进行监督，发现任何违规现象，立即责令返回重做。

（4）完成任务的小组压手喊口号庆祝成功。

（5）各组讨论游戏进行中的经验教训。

4. 第二轮活动

（1）适当增加地雷的数量，调整地雷的位置。

（2）学生商讨活动计划，然后各组同时进行第二轮活动。

 交流分享

1. 戴着眼罩在队友指导下穿越雷区，你遇到了哪些困难？又是怎样克服的？

2. 哪些细节问题导致了你一次次"触雷"？这说明了什么道理？

3. 各组都成功完成了两轮的接力穿越雷区活动，活动中你们小组表现出了哪些优秀品质和心理素质？

4. 穿越雷区的通讯员和指导者，因角色不同，各有哪些不同的表现和哪些不同的感受？

5. 回味自己穿越雷区时的表现，你发现自己有哪些个性特点？

6. 观察队友穿越雷区时的表现，你发现他们各有哪些个性特点？

 建议与说明

1. 本活动气氛很热烈，情绪得到了较好宣泄。

2. 游戏前后可分为两轮，第一轮设置的地雷也适当少一些，以让大家初步体验，在第二轮中可适当增加地雷数量并利用布局增加难度，从而使游戏更具有挑战性。

3. 活动没有给大家练习时间，只给商讨时间，主要是为了加强体验性，也是为了保护已经设置好的地雷。

4. 很少有学生能够顺利地一次性穿越雷区，甚至有同学在同一轮游戏中尝试了七八次之多。

5. 教师要强调遵守活动规则，严防个别学生利用眼罩作弊，否则活动将失去意义。

6. 此活动也可有创新举动，实践中学生开创了由穿越者背起指导者一起穿越的好办法，这既不违背规则，又有利于队友间相互协作。

7. 活动变通：第二轮活动时，也可规定触雷即为牺牲，看各组有多少人能够成功穿越雷区而定。

例 051　运送弹药

 **活动目标**

1. 增强对挫折的耐受力，感受成功带来的喜悦。
2. 增强与他人团结协作的能力。
3. 学会自律与宽容。
4. 增强自我调控能力。

 **活动准备**

助教 1 名/组，秒表 1 块，塑料筐 1 个/组，乒乓球 2 个/组，横截面为半圆形的 30 厘米长度运输管 1 根/人，代表起点和终点的标识线 2 条，音乐《枪林弹雨》《春天的早晨》《从头再来》。

 **学生分组**

分为每组 8～10 人的小组若干。

 活动流程

1. 活动情境创设

（1）助教播放音乐《枪林弹雨》，请学生闭上眼睛。

（2）教师创设活动情境：现在，我们在枪炮齐鸣硝烟弥漫的战场上，我们每个人都是有勇有谋的解放军战士,我们每个小组都是一支独立的英雄后勤部队。现在我们每个小组都接到一个紧急任务,要秘密运送一颗特殊弹药,如果不能尽快地将弹药运达,我们的前方战士可能会牺牲,我们的前方阵地可能会失守。而这颗特殊弹药的运送条件非常苛刻,如果有任何违规行为,都代表运送失败,需要返回重做。

(3) 教师解释起点、终点,介绍活动中各项物品的代表意义:乒乓球代表弹药,运输管代表弹药的运载工具,塑料筐代表前线盛装弹药的仓库。

2. 教师宣布活动规则

(1) 弹药不能与战士的手等任何身体部位接触;

(2) 弹药只能在运输管里滚动前进,不能停止,不能倒退;

(3) 塑料筐不能被移动;

(4) 有任何违规行为,返回起点重做。

3. 第一轮活动

(1) 各组到指定位置商讨练习 5 分钟。教师和助教解答学生疑问,必要时给予适当指导。

(2) 各组同时参赛。各组学生将运输管连接起来按规则运送弹药。每位助教负责一个小组,作为裁判严格监督,如果有违规行为,立即责令返回重做。

(3) 成功完成任务的小组立即压手喊口号庆祝胜利。

(4) 先完成任务的小组总结经验教训或为其他小组加油鼓励。

4. 第二轮活动

(1) 教师继续创设情境并公布规则:现在前方弹药吃紧,我们每个小组必须同时运送两颗弹药,且两颗弹药不能相遇。其他规则不变,出现任何违规行为,都需要返回重做。

(2) 各组商讨和练习。

(3) 各组同时参赛,助教严格监督。

（4）（在活动进行到十多分钟，每个小组的同学情绪比较急躁、信心低落时）请所有小组停止活动。围成一圈坐下，闭眼深呼吸放松。（助教播放音乐《春天的早晨》）

（5）教师引导同学们思考

在我们运送弹药特别是后两颗弹药时，每个团队都多次返回重做，遭遇了很大挫折，当时你的情绪是怎样的呢？有没有心浮气躁的时候？有没有灰心丧气的表现？有没有不团结的举动呢？在刚才的活动中，至少有一次感受到他人指责的请举手，至少有一次在内心指责过他人的请举手。这就是我们刚才的团队，面对艰巨的运送任务，在血与火的考验面前，我们不少人不是相互鼓励宽慰而是相互指责报怨闹内讧，我们不少人不是与队友团结配合协同作战，而是表现出一副不耐烦的样子削弱团队士气，我们不少人没能做好自己的事情却总是在挑他人的毛病。我们的弹药为什么没有被顺利地运送过去啊？原因不在于他人，而是你自己没有做好啊！扪心自问，你真的做好你自己该做的了吗？如果每一个人都能控制弹药的前进速度，让它在自己的运输管中以最快的速度滚过，我们的任务还会那么难吗？集体是由个体组成的，团队是由每个"我"组成的，我＝团队，只要我们每一个人多关注自己，都做好自己的事情，并且团结协作，我们的团队不就是优秀的团队了吗？相信大家在下一阶段的运送弹药活动中能够做得更好。

（6）传递信心：每个小组的成员站起来围成一圈，相互把胳膊放在队友的肩上，用表情和眼神传递给队友坚强、信心、执着和力量。

（7）教师继续语言引导（助教播放背景歌曲《从头再来》）

运送弹药只是我们参与的一个游戏活动，课堂中的这点挫折与我们人生中的风雨相比算得了什么呢？为了养育我们的父母，为了含辛茹苦的老师，为了那些充满期待的眼神，更是为了心怀梦想的自己，我们再苦再累也要坚强。"心若在，梦就在，天地之间还有真爱，看成败，人生豪迈，只不过是从头再来！"

(8) 重鼓士气：每个小组压手喊三遍口号表达信心和斗志。

(9) 各组继续第二轮运送弹药活动。助教进行监督加以鼓励和指导。

(10) 完成任务的小组迅速压手喊口号庆祝胜利。

(11) 先完成任务的小组总结经验或为其他小组加油鼓励。

 **交流分享**

1. 在运送弹药活动，特别是在第二轮活动中，各组遇到了哪些困难？当时有些队员出现了怎样的情绪？这对他人及小组造成了怎样的影响？

2. 在第二轮活动的后期，大家在老师的引导下情绪有了哪些调整和变化？对自己、他人及小组产生了怎样的影响？

3. 通过这个活动，你对于个人与集体、自律与宽容有了哪些认识？

4. 老师在活动中引导时，你心中想到了哪些令自己感动的人和画面？

 建议与说明

1. 此活动虽不必蹦跳，也不用人背肩扛，但学生既兴奋又紧张的情绪，在活动中得到充分的抒发。

2. 关于场地和活动用具：运送的距离最好能达到每人运输三次以上为宜，运输管的最好道具是自中间竖向劈开的PVC材质硬管，长度约30厘米即可，弹药用乒乓球代表即可，重量不宜过重，弹药筐用一般塑料筐即可，筐口的大小和高度直接影响到活动的难度。

3. 以每个小组10人左右的通常活动表现来看，本活动持续的时间长短不一，慢者二十多分钟，快者仅几十秒钟，会给活动进程和节奏控制带来很大挑战。

4. 活动中学生主要的违规表现为：单球时主要是球速过快导致球落地，双球时主要是两球相撞和球落地，球停止和倒退现象并不是非常多。

5. 学生在课堂上的分享涉及的感悟点主要有：团结协作、关注自己、彼此信任不抱怨、挖掘潜力进行创新、耐挫力培养、不抛弃不放弃、对师长的理解与感恩等。

例 052 交通堵塞

1. 增强挫折耐受力，增强学习自信心。
2. 培养严谨作风。
3. 发掘自我潜能。
4. 增强策略意识。

助教1名，秒表1块，边长为50厘米的连续方格11个/组。

分为每组8～10人的小组若干。（本活动以10人小组为例）

1. 创设活动情境

（1）在助教协助下，学生每组10人站在直线排列的连续11块方格（方格与方格之间不留空隙）内，中间一个方格空着。每两边5个人相向立正站立。

（2）教师创设活动情境：每组10个人都是英勇善战的战士，在一次地震灾害后到某地执行紧急抢救任务，在兵分两路行进过程中，接近目的地时，遇到了现在的特殊地形，我们走进了地雷阵中，只有这 11 个方格阵是安全地带除中间 1 格为空外，其余每格中站 1 人，我们要在最短的时间内实现位置互换（要求这边 5 人与另一边 5 人互换位置）才能成功到达目的地。

2. 教师宣布游戏规则

（1）每个人可前进 1 格或跳过 1 格，但不能后退。

（2）每格内最多同时站同一个人的两只脚。

（3）每个人身体的任何部分不能接触自己所在方格外的地面，也不能接触到方格的边界线，否则即是触雷。

（4）任何犯规行为出现都需要全组返回重做。

3. 第一轮活动

（1）各组在自己场地上进行商讨和练习。

（2）各组同时进行比赛。教师和助教为各组监督并计时，出现违规行为要立即责令返回重做。

（3）完成任务的小组压手喊口号庆祝成功，然后为其他尚未完成的小组加油或指导。

（4）各组总结活动的经验或教训。

4. 第二轮活动

（1）教师问各组想不想继续挑战自我，有没有信心提高成绩。

（2）各组在经过一定时间的商讨与练习后，同时进行第二轮比赛。

5. 第三轮活动

（1）教师问各组想不想继续挑战自我，有没有信心再次提高成绩。

（2）各组在经过一定时间的商讨与练习后，分两批进行第三轮比赛，暂时不参赛的小组观看并为参赛小组加油。

 **交流分享**

1. 要实现位置互换，各组遇到了哪些困难？又是怎样克服的？

2. 我们在学习与生活中，是不是也有类似这种前行无路后退无门、停滞不前的时候？当时你遭遇了哪些令你苦恼的困境？你是如何认识、如何处理这些困境的？

3. 在今天的"交通堵塞"活动中，我们由最初的郁闷困惑到后来的柳暗花明，由曾经的十多分钟找不到出路直到几十秒顺利完成任务，我们各组、我们每一个人是如何经历这一过程的？这对我们处理现实生活中的困难和困境有什么启发呢？

 建议与说明

1. 关于活动场地中的每组11个方格，可以是边长为50厘米左右的11块地板砖，也可以在平整地面上画出规定大小的11个格子。

2. 看似静态的小运动游戏，集智力游戏与体能锻炼于一体，又要尽短时间内完成，通常还要多次返回重做，学生较为紧张、劳累和兴奋，学生的兴趣、参与度和积极性都不错。

3. 每个小组的人数不管是奇数还是偶数，均能成功做完本游戏，且只要人数相近，对成绩影响不大。需注意的是，如果有的组实有人数为奇数，也需要按+1后的偶数参加活动，所能使用的格子应该是实有人数+2，且完成任务后的空格位置应该不变。

4. 在最初接到此任务时，各组一般很长时间（约10分钟以上）内无法成功，教师不宜在此时进行指导，在被询问时只是强调不违背规则即可，给各队充分的试误时间。

5. 在第三轮活动中，在参赛组犯规时，负责监督的小组可能会对他们的表现幸灾乐祸，教师要注意及时纠正，并鼓励在参赛队遇挫后给他们加油鼓劲。

6. 中学生在每组 9～10 人的情况下，比赛实际结果情况为：慢的 10 分钟不能完成任务（当然是发生在第一轮比赛中），最快的几十秒钟，而且几乎每个组在最后一轮都能将成绩提高到 1～2 分钟之间，进步非常明显，潜能得到显现。

7. 在活动之初，如果通报其他班级完成此活动所用的最快速度，则有利于调动同学们的竞争性和挑战性，激发出更大潜能。

8. 学生解决交通堵塞的方法各有各的精彩，有的主要采用了两两相扶对跳换位的方式，有的则主要采用了分别背起两三个人再互相扶持换位置的方式。

例053 不倒森林

1. 培养团结协作、配合默契的能力。
2. 锻炼严谨自律的个人品质。
3. 学会宽容对待他人。
4. 思考工作流程中自己的举动对他人的影响。

助教1名，长度1.2米的杆子1根/人。

全班分为每组8~10人的小组若干。

1. 教师讲解活动过程和规则（请四位同学上台配合演示）

每人手里一根杆子，用手心按住杆子顶端立住杆子，杆子在外，人在里面围成一个小的圆圈，面朝同一时针方向站好。在统一指挥下，松掉自己手里的杆子，快速前进一步用手心去按住前面那根杆子。从而实现每根杆子位置不动且不倒，所有同学依次往前转圈走。只要有一根杆子倒了，就需要大家重新开始。

2. 第一轮活动

（1）公布活动要求：分组比赛，每组全体成员参与，任务是连续做满10个。看各组完成任务的快慢。

（2）各组自行练习，教师、助教巡视，就学生不明白或者是动作有误的地方给予解答，做好鼓励和指导工作。

（3）各组同时参加比赛。教师和助教巡视观察动作是否标准，学生自己数清个数。（除第一次由老师喊开始以外，其余为小组内部自己喊口令）

（4）教师点评第一轮比赛，给各组人员鼓励赞扬。同时提醒学生在活动过程中注重自己的内心体验。

3. 第二轮活动

（1）公布活动要求：评比各组在5分钟内能够连续做成多少个。

（2）各组学生商讨或练习几分钟。

（3）各组同时参加比赛。遇有失误则重新开始。

（4）各组报告刚才比赛中的最好成绩。

4. 第三轮活动

（1）公布活动要求：全班同学不分组一起参加，看大家在5分钟最多能够连续做成多少个。

（2）由班干部组织学生商讨或练习几分钟。

（3）全班同学一起参加比赛。遇有失误则重新开始。

（4）通报全班比赛时的最好成绩。

交流分享

1. 活动中遇到了哪些困难？同学们是如何克服的？
2. 如何对待屡次失误的同学？

3. 每个人的注意力状况对于活动有哪些影响？

4. 每个人的细节举动对他人和集体有哪些影响？

5. 最初时我们连续做两三个都特别困难，后来我们不断刷新成绩，取得巨大进步的原因是什么？

6. 这个活动主要培养了我们哪些方面的心理品质？它给了你哪些启示？

 建议与说明

1. 练习和比赛的时间都要根据班级具体的情况随时做调整，尤其是练习中出现很大困难的班级，可以适当延长练习时间。

2. 在人数较多的班级，第三轮活动时，如果全班一起做有困难，也可以把全班各小组合并为两大组来进行。

3. 第二、三轮比赛结果是取各组或全班规定时间内的历史最好成绩，即连续做到的最多个数，而不是规定时间结束时的当时成绩。

4. 如果活动时有小组喜欢杆子在圈内，人在圈外，也可以，但要求每两个杆子之间不可相距太近。

5. 最初时各组连续做两三个都特别困难，后来学生能够不断刷新成绩，5分钟比赛时间内通常能够连续做到几十个甚至近百个。

6. 本活动的标准道具是长度1.2米的PVC材质杆子，注意两端要事先磨圆滑，以防伤手。

例 054　小舟摆渡

 活动目标

1. 开发策略潜能。
2. 拉进同学之间的身心距离，打破男女隔阂。
3. 增进小组凝聚力和班级凝聚力。
4. 体验坚持、毅力和挫折。

 活动准备

助教1名，秒表1块，边长为30厘米的方形垫子2个/组，距离为5米的起点线、终点线各1条，歌曲《众人划桨开大船》。

 学生分组

分为每组8～10人的小组若干。

 活动流程

1. 教师讲解活动规则

（1）起点线与终点线之间的区域为河流，每组的两个方形小垫子为小舟。每个组利用两叶小舟从河的一岸渡到另一岸。

（2）渡河时组员身体任何部位不能落水（触地），不能接触任何墙

壁、凳子等辅助物。

（3）过去的组员要有一个人靠两叶小舟返回来运其他队友，返回时同样不能落水（触地）。

（4）没有过河的与已经过河的都要在各自的岸上等候，不能进入河中间帮忙。

（5）任何违规都需要其本人返回重做。

2. 第一轮活动

（1）各组研讨练习，教师和助教巡回指导，解答学生疑问。

（2）各组同时进行过河比赛。教师和助教严格监督，发现任何违规行为立即责令其返回重做。

3. 第二轮活动

学生：再次进行研讨练习，并进行第二轮的比赛。

教师和助教：严格监督，活动完成后通报完成任务所用时间。

4. 第三轮活动

（1）教师讲规则。全班所有学生不分小组，拥有与刚才一样数量的垫子作为小舟，按照以上规则在尽短的时间内将全班同学从河一岸渡到另一岸。

（2）助教播放音乐歌曲《众人划桨开大船》。

（3）学生过河。学生集体商讨后运用小舟迅速摆渡过河，教师和助教监督违规情况。

 **交流分享**

1. 在前两轮活动中，我们各组遇到了哪些困难？又是如何克服的？

2. 活动中，出现了哪些令人感动的人和事？

3. 在活动中，有些人主要做了助人者的角色，有些人主要做了受助者的角色，两种角色各有哪些相同与不同的感受？

4. 同样多的人员和小舟，为什么在最后一轮活动我们能够在极短的时间内迅速成功过河呢？这对我们有哪些启示？

 建议与说明

1. 在活动中几乎所有班级男生都没有顾虑地背起了小组的女同学，并且其他同学都会为此而鼓掌鼓励，活动打破了男女隔阂，增进同学之间的身心距离，并且增进了小组凝聚力和班级凝聚力。

2. 音乐歌曲《众人划桨开大船》是必要的，能够带动班级团队活动的氛围。

3. 前两轮活动，各组完成任务的时间通常在10～20分钟左右。如果久久不能完成任务，在鼓励的同时，可以缩短任务距离，或者允许已经完成任务的小组给予人力和物力方面的帮助。

4. 最后一轮活动，全班集体合作过河，也是一个突破思维定式的好时机，教师不可给予过多的提示，经过学生的逐步探索，就可以想到将垫子在两岸之间间隔排列的方法，每人踩着垫子直接跑到对岸，全班大团结创造奇迹。

例 055　月球行走

 **活动目标**

1. 增强团队合作意识，提高团队合作能力。
2. 感受团队齐心协力成功后的快乐，放松身心。
3. 体验追求成功过程中"细节"的重要性。
4. 感悟人际间磨合的必要性和积极意义。

 **活动准备**

呼啦圈 8 个/组，绑腿绳 1 根/人。

 **学生分组**

分为每组 8~10 人的小组若干。

 **活动流程**

1. 情境导入

1969 年，3 名美国宇航员叩开了冷寂的月宫大门，阿姆斯特朗和巴兹·奥尔德林两名宇航员走下太空舱，双脚踏上了月球的土地，在月球表面进行了两个半小时的月表行走，这是人类有史以来第一次对月球最伟大的探险。人类先后总共六次登上过月球，从相关知识中我们可以了解，月球表面有很多个环形山,没有氧气,而且人走在上面是失重的。

今天我们就来体验一次"月球行走"的活动。我们用呼啦圈代表环形山,用绳子代表氧气传输带。

助教在每个小组的活动场地上直线形排列5个呼啦圈,每两个圈之间距离在20厘米左右。

2. 活动规则

(1) 以小组为单位,所有人站成一排,把相邻的脚腕用绳子绑起来,一起走过所有"环形山"。

(2) 活动开始后,由小组内第一个人开始行走,直到小组全体成员走过为成功。

(3) 整个行走的过程中,所有人的脚必须踩到"环形山(呼啦圈)"内。

(4) 整个行走的过程中不允许人员倒在地上,不允许"氧气传输带"断开,不允许触碰"环形山壁",更不许触碰到除队友以外环形山圈外的任何东西,违反者视为犯规,并全体返回重做。

3. 第一轮活动

(1) 各组人员自行排列,按要求将相邻人的脚腕用绳子绑起来。

(2) 各组进行研讨练习。

(3) 各组学生同时进行"月球行走"活动,教师和助教做好监督。

4. 第二轮活动

(1) 教师宣布活动变化:本轮"环形山"的数量增加两个,"环形山"的排列由"直线"形改变为"S"形,其他规则不变。

(2) 助教布置活动场景。

(3) 各组学生进行研讨练习。

(4) 各组学生同时进行第二轮"月球行走"活动,教师和助教做好监督。

 **交流分享**

1. 活动中遇到了哪些困难？又是如何克服的？
2. 哪些细节影响到了活动进程甚至导致成败？
3. 活动之初，同学间配合不佳，绳子会把脚腕勒得很疼，后来大家配合逐渐默契了，也就不再存在谁拖谁的后腿或谁拉着谁走的情况，脚腕也舒服了，这说明了什么呢？
4. 这个活动还给你带来哪些启示呢？

 建议与说明

1. 活动情境导入环节中，教师也可请学生讲述人类首次登月的相关知识，会更好地调动学生积极性。
2. 发给学生的"氧气传输带（绑腿绳）"，要尽量粗一些，过细会导致学生脚腕更加疼痛，对于稍低年级的学生要提醒并指导他们打活结。
3. 呼啦圈直径的大小、呼啦圈数量的多少、每两个呼啦圈之间距离的远近等，教师可以根据学生活动情况和课堂时间灵活决定。总之，教师要把握一个原则：难度可以调整，但规则不能放松。
4. 在设置第二轮活动"环形山"时，要现场灵活把握，应根据第一轮学生所耗时间、行走难度来确定第二轮增加几个"环形山"，若第一轮学生完成得比较顺利，第二轮可在情景设置上按原计划多增加难度。
5. 活动变通：要求男生必须交叉排列，可以增加班级性别和谐。
6. 如果场地足够，也可以将全班学生分为两大组，每组二十到几十人，学生的体验会更加充分。
7. 此活动最好选择在学生穿着较厚衣服的季节，否则就需要选择更粗更柔软的布条作为绑腿绳。

例 056　横爬云梯

活动目标

1. 锻炼勇敢、坚毅的精神品质。
2. 培养为他人负责任的精神。
3. 感恩亲人、老师、朋友为自己的付出。
4. 体会集体中团结、协作、相互信任的重要性。

活动准备

无须准备任何物品。

学生分组

无须事先分组。

活动流程

1. 搭建云梯

（1）全体学生站成相向的两排，每人与对面同学相隔半米距离，左右相邻同学身体紧紧挨着。

（2）每人与对面同学合作，四只手互相握住彼此手腕，形成一个坚实的"井"字形。全组所有人的手臂尽量处在同一个高度，组成了一架牢固的"水平云梯"。

2. "爬云梯"规则

（1）以云梯一端为起点，一名同学慢慢趴在云梯一端，匍匐前进到云梯另一端，然后在队友配合下慢慢下梯。

（2）爬云梯过程中，梯子不允许动，只能由爬梯子的人自己使劲前行，绝不可出现往上抛同学的现象。

（3）每个人爬到终点后，在终点处替换另一名同学做云梯，由被替下来的同学绕到起点处开始爬云梯。

（4）爬梯子的同学可以匍匐前进，也可以跪着爬过去，但不可只用手和脚，更要注意自己的脚不要蹬到其他同学的脸。

3. 攀爬水平云梯

（1）组织大家按照规则做好各项准备。

（2）挑选一名体重较轻的同学首先开始攀爬云梯。

（3）其他同学依次攀爬。

（4）教师提醒大家做好安全防护工作，确保攀爬者的安全。

交流分享

1. 在攀爬云梯时，你内心害怕吗？你信任你的队友吗？最终证明，你的队友值得信任吗？

2. 在做云梯支持同学体重时，你内心抱有什么样的信念？你如何评价自己？

3. 在我们的成长过程中，是哪些人在用他们的最大努力艰难地支持着我们前进？我们对他们有怎样的心里话要说？

建议与说明

1. 教师一定要做好安全防护工作，确保每一位学生的安全。此活动不适合小学生。

2. 如果班级人数较多，也可分为两组进行。但要提醒学生两组之间不进行比赛，要集中注意力在当前，安全第一，不求速度。

3. 要提醒攀爬者上下云梯和攀爬时，动作一定要轻柔。

4. 学生组建云梯时的四手相握方式，也可变为每个人将两个前臂自然前伸（不用抓握自己的手腕），与对面同学的两手腕紧紧抓握在一起，这样每个人的前手臂与云梯的方向垂直，更像真正的云梯。

5. 活动变通：做云梯的同学坐在地上，对面两位同学脚底抵脚底，可以更方便用力。而且云梯的高度下降，云梯下面不再是地面，而是同学的腿，对于攀爬者来说挑战性降低，也更加确保了攀爬者的人身安全。

6. 也可指定两位班干部做安全防护员，指导督促活动中每人的动作规范到位，确保活动顺利进行。

例 057 超级俯卧撑

1. 增强集体荣誉感和个人责任感。
2. 增强团队成员面对困难，敢于挑战的能力。
3. 增进同学彼此间的宽容与理解，拉近异性之间的距离。
4. 感受体会艰辛付出后挑战成功的兴奋与喜悦。

活动室内最好铺有地毯或木地板，如果没有，则需要准备大块的毯子或泡沫垫，铺到地板上，防止学生膝盖碰伤。

将学生分为每组 8～10 人的小组若干。

1. 活动导入

请一位身体素质较好的同学先行展示在不借助外力的条件下仅用双手支撑体重能不能做到，能坚持多长时间。

2. 教师讲规则，并请四位同学演示

(1) 四位男同学趴在地毯（或其他具有保护功能的地面）上，四个人的身体组成正方形，每人把双脚搭在他人的后背上，用上肢支持体重，四个人做成一个只有四双手臂支撑体重的超级俯卧撑。

(2) 在规定的时间内不能散开，其他部位不能着地，否则返回重做。

(3) 坚持的时间为 10 秒，只要完成任务即可得到满分。

3. 每一阶段活动

(1) 活动任务：每组出 4 位同学，在队友的协助下，做成一个只有四双手臂支撑体重的超级俯卧撑。

(2) 各组分别进行尝试和练习。教师进行督促和指导。

(3) 每组在认为准备妥当后，向教师申请参赛，教师进行监督和裁判。

(4) 教师公布各队比赛情况。

4. 第二阶段活动

(1) 活动任务：在以上规则的基础上，添加一定的人数，要求至少 4 人，只用手臂支撑体重、所有同学是一个整体就可以，排列的阵形可以自由组合。各队可挑战自己与其他小组的最好成绩，挑战参与人员的数量或坚持时间的长短都可。

(2) 各组分别进行尝试和练习。教师进行督促和指导。

(3) 每组在认为准备妥当后，向教师申请参赛，教师进行监督和裁判。

(4) 教师随时公布各队比赛情况，含参与人员的数量和坚持时间的长短。

(5) 各队继续挑战，纷纷刷新曾经的最好成绩，直到每队所有成员上场并坚持更长时间。

(6) 教师公布各队最终比赛结果，含参与人员的数量和坚持时间的长短。

 **交流分享**

1. 你们小组最初是哪几个人参与比赛的？你对他们有什么看法？

2. 你们小组中一时没有能够上场参赛的成员，他们在做着什么？如何评价他们的做法？

3. 各组及全班在持续不断地刷新最好成绩，创造着新的历史纪录，这种勇于挑战的动力来源于哪里，对我们有什么启发？

4. 在教师讲解活动规则需要同学示范的时候，全班四位身体强壮的男生做起来都特别不容易，而到了最终我们每组大多数人——甚至是所有人都做成功了，这对我们有什么启发？

 建议与说明

1. 本活动有些难度，有较大挑战性，所以学生的参与度和认真度都会比较高。

2. 要注意场地一定要干净，因为学生要趴在地上，一定不要有玻璃等硬东西，另外要注意学生的安全，对于原来腿部或腰部有伤的同学，可以不参加活动，在旁边加油。

3. 对于男女生距离较大的班级，合作起来有一定的难度，需要老师引导和激励。

4. 为更好地激励所有学生尽量都参与进来，可以分数评价的方式，例如规定每上场一位男生加1分，女生加2分。

5. 此活动四人做时，摆成一个正方形。N个人做时，可以摆成一个正N边形，但也可以摆成不规则形状，例如身体强壮同学的后背上可以放置两到三个人的脚。

6. 该活动要允许学生创新，只要把握好每个人都只用手臂支撑体重这个核心规则即可，参赛学生间的身体组合还可以有更好的创新，例如有的小组还创新了一种新形式：四个人身体呈半仰坐的姿势，用双手支撑体重，把四双脚聚在中间，并彼此交叉盘起来离开地面，再让其他人也呈同样体姿并把双脚放在他们四个人的腿上，这样可以较轻松地让团队每人都成功参与进来。还有的小组每人呈仰姿，有两人用双手支撑体重，面对面把两脚放于对方双肩上，他们同学分别在他俩身后，依次把双脚放于前人双肩上，也较为轻松地完成了活动任务。

7. 有的班级在活动中还出现过两三个小组自愿组合成更大活动场面的现象，在保证安全的前提下，教师要多给予鼓励和支持。

例 058　泰坦尼克号

1. 培养学生遇事沉着冷静的态度和积极思考应对的能力。
2. 在活动的过程中体验团结和合作,学会指挥和服从。
3. 学会积极主动去争取机会,珍爱生命。
4. 增进集体归属感,拉近彼此之间的身心距离。

毯子(1米×1米)1块/组,秒表1块,助教1名。

分为每组8~10人的小组若干。

1. 活动情境创设

我们与许多游客一起乘坐游轮漂洋过海去旅行,游轮在远海中不幸撞上了冰山,海水很快涌进了船舱,致使游轮逐渐下沉,人们必须赶快撤离游轮,乘坐小小的救生艇逃生,但人太多,救生艇太少,我们必须保证每个救生艇上挤下尽多的人,才能让全部的人都得以逃生。

2. 教师讲解规则

(1) 整个活动中唯一的道具只有这块毯子，在活动中它就是你们的救生艇。

(2) 在活动中要求全体成员均在毯子上面，任何人身体的任何一个部位不可以接触到毯子以外的任何东西，否则视为犯规。

(3) 只要按照规则坚持10秒即为成功。

3. 第一轮活动

(1) 各组进行商讨和练习。

(2) 各组一旦准备好，即可请教师为他们监督计时，见证成功。

(3) 挑战成功的小组可以给其他小组指导。

4. 第二轮活动

(1) 规则要求：在第一轮活动的基础上，将毯子对折，使其面积缩小为原来的1/2。

(2) 各组进行商讨和练习。

(3) 各组进行挑战。

5. 第三轮活动

(1) 规则要求：在第二轮活动的基础上，再将毯子对折，使其面积缩小为原来的1/4。

(2) 各组进行商讨和练习。

(3) 各组进行挑战。

(4) 挑战成功的小组可以给其他小组指导。

 交流分享

1. "沉船逃生"任务，时间紧张情况紧急，各组在这一"突发事件"面前表现出了怎样的情绪和态度？

2. 各组全部成员在挤到面积越来越小的"救生艇"上去时，遇到了

哪些困难，又是怎样克服的？

3. 活动中各组是否有指挥者（可能是组长，也可能不是组长），他发挥了怎样的作用？大家是如何对待他的？

4. "大灾大难"面前，各组成员表现出了哪些可贵的精神品质？

5. 按活动要求将毯子面积缩小时，不同的对折方式会导致活动的难度不一，这又说明了什么道理呢？

 建议与说明

1. 活动情境塑造这个环节是不可缺少的，不管在活动中对于大家坚持不抛弃不放弃的精神，还是活动之后对于珍爱生命话题的探讨，都起了很好的作用，否则，学生可能会仅仅把这个活动当作一个游戏，进行挑战的积极性不高。

2. 在三轮活动中，前两轮相对轻松，第三轮难度最大，但是大家通常都表现得非常团结，没有一个小组主动放弃队员，他们所采用的方式也非常好，有背着的，有抱着的，有驮着的，还有踩在他人脚上面的，各种各样的姿势都想了出来。

3. 在需要把毯子面积缩小一半时，最初大部分小组都是沿中位线或对角线折叠，在第二轮活动时尚可以成功，但在第三轮时则相当困难。经过实践探索或教师有意启发，他们会发现把毯子折叠成一个长条状，会有助于把活动做成功。

4. 在第二轮活动成功后，学生自然会预想到其后的要求，于是会主动将毯子面积再缩小一半，主动进入第三轮的挑战。第三轮活动成功后，教师要收回他们的毯子，请他们给尚未完成小组加油或指导。

5. 本活动的轮次数量，因各组人数多少和提供毯子的大小而不同，应以最后一轮活动对各组有较大挑战性，但经过努力可以挑战成功为宜。

第三辑
交流互动探索活动例举

交流互动心灵探索活动在实施中通常分组开展，场地以封闭室内为宜，要有足够的活动空间，通常配以音乐或歌曲。

本辑中把交流互动探索活动分为两部分：一是交流互动活动，肢体活动较少，以交流讨论、发言互动为主要活动形式，活动现场不乏趣味、热闹；二是心灵探索活动，一般没有足够强度的肢体活动，以情景模拟、冥想、思索、反醒等心灵感受、静态探索为主，活动现场通常较为安静，但学生内心却波涛汹涌。

第五单元
交流互动活动例举

例 059　人名速猜

活动目标

1. 使初步认识的同学增进彼此熟悉程度。
2. 理解输与赢的辩证关系。

活动准备

助教 1 名，准备足够长度和宽度的不透明挡板 2 块，竖直立在团体辅导室中央。

学生分组

将全班学生随机分为两大组。

活动流程

1. 场景布置

将足够长度和宽度的不透明挡板 2 块，在几张桌子夹持下，竖直立在团体辅导室中央，把辅导室隔为两部分。两块挡板左右各一，像两扇推拉门，适当重叠交错，方便打开。在挡板中间交错处，每侧各放置一个凳子。

每组同学在挡板两边分别坐下。

2. 教师宣布第一轮活动任务和要求

（1）每一回合每组出一位选手坐在挡板中间两侧交错处的凳子上，面向挡板。

（2）其他所有同学集中坐在本区，不可站起，更不许偷看。

（3）待两组选手准备好后，老师会喊"一、二"，然后所有同学大声高喊"芝麻开门，我们必胜"，两位老师随即会从两边将门拉开。

（4）门拉开后，两位选手要尽快、大声、清晰、准确地喊出对方的名字。

（5）喊错的、喊晚的被"俘虏"到对方团队。

（6）每一位同学都必须上台一次，直到每组每位同学均上台为止。

3. 学生按要求活动

（1）教师和助教做好全局组织、指导、监督工作。

（2）活动完毕后，清点各组人数，然后各回各组。

4. 教师宣布第二轮活动任务和要求

（1）每一回合，只需要一个小组出一位选手同学坐在挡板后被猜。

（2）另一小组出一位同学来到挡板的一端，看到被猜同学后，负责向本组同学描述被猜同学的特征。

（3）其他所有同学集中坐在本区，不可站起，更不许偷看。

（4）向本组同学描述被猜同学特征，最好是外貌和言语行为特征，但不能违反以下几项：不能提到姓名和绰号；不能说是哪一宿舍的；不能描述与其班内职务有关的信息。

（5）负责竞猜小组的成员可根据描述随时举手，获得老师允许后方可起来猜名字，每人只能猜一次，每组最多允许猜三次。

（6）规定次数仍不能猜对的，描述特征的同学被"俘虏"到对方团队；如果被猜中，则被猜同学被"俘虏"到对方团队。

（7）每一位同学都必须上台一次，直到每一队每一位同学均上台为止。

5. 学生按要求活动

(1) 教师和助教做好全局组织、指导、监督工作。

(2) 活动完毕后,清点各组人数,然后各回各组。

 **交流分享**

1. 每轮竞猜比赛结束时,各组人数不同,哪一组输了?哪一组赢了?为什么?

2. 在每一轮活动中,有的人很容易被别人猜中,有人则很难,原因有哪些?

3. 在每一轮活动中,有的人很轻易猜中他人,有的人则很难,原因有哪些?

4. 在活动中,轻松猜中他人的,和被他人轻易猜中的,到底谁输谁赢呢?

 建议与说明

1. 本活动最适宜于班级刚成立不久,同学们彼此基本相识,但不够深入熟悉时。

2. 本活动激烈有趣,气氛活泼轻松,学生乐于参加,热情很高。

3. 活动中,学生谁先谁后上台接受挑战,应该是由各组组长协调的。但常有部分学生存在退缩推托现象,好在规则要求每位学生必须上台。这些人通常并不是不愿参加活动,只是对自己信心不足,担心自己上台会被"俘虏",使自己小组受损失。

4. 各组队长在活动前做自我介绍,不再参赛,做好组织管理工作。因为组长如果平等参赛,被"俘虏"则会使自己小组处于"群龙无首"

境地。

5. 第一阶段活动时，谁该被"俘虏"，以选手两人的判断为准；如果两人存在争执，若教师有把握判断，则可，若不能，则可参考其他同学意见；如果仍有争执，可判为平局，各回各组，仍可再次上台。

6. 在第二阶段活动中，描述特征时的禁止项目可根据班级的人数多少、男女比例、熟悉程度等增删调整，可增的项目包括：不准描述与性别有关的特征，不准说出在班级内的座位位置，不准说家庭住址等。

7. 在第二阶段活动中，如果同学们彼此之间较为熟悉，为增加游戏难度，除上条内容外，还可以限定所描述的特征数量，或压缩猜测的次数。

8. 活动中，如有个别学生发生偷看偷窥的情况，老师可宣布他们违规被"俘虏"，以维护活动的正常秩序。

9. 在每一轮活动完毕宣布各队人数时，人数多的团队会欢呼庆祝胜利，在被问到谁胜谁负时，学生们也会自然而然地回答人数多的团队。然后教师要求大家再考虑，也可以研讨，逐渐就会有学生发言说出不同意见，老师再适时点拨：输赢都是相对的；在本活动中，输的同时也赢了，赢的同时也输了；大家通过本活动对同学有了更深刻的认识，都赢了。

例 060　个性名片

活动目标

1. 促进学生自我探索、自我发现。
2. 能够了解他人、欣赏他人，找到志同道合的朋友。
3. 积极创新，学会有创造性地展示自己。

活动准备

助教 1 名，32 开彩纸 1 张/人，笔 1 支/人，小纸片若干。

学生分组

将全班学生分为每组 8～10 人的小组若干。

活动流程

1. 教师宣布个性名片制作要求

（1）名片设计的内容包括个人基本信息、外貌形体、兴趣爱好、言行习惯、性格品质、能力素质、志向理想等方面。（教师同时将这几个项目写在黑板上）

（2）设计的过程中，每个人独立完成，不需要讨论和互相参考。

（3）设计名片的内容必须符合本人的实际信息。

（4）名片的内容简洁、详细、独特，能让人容易记住。

2. 学生制作个性名片

（1）助教为每位学生分发活动所需物品。

（2）每位学生彼此相距一定距离，独立完成各自的个性名片。

（3）教师和助教巡视各个小组，观看学生活动进展情况，解答学生遇到的问题，适当时提醒学生时间。

3. 小组内部交流

学生按小组紧紧围坐成一圈，把每个人制作的个性名片相互传看，并在小组内交流。

4. 听名片，猜人名

（1）每个小组将所有个性名片收齐交给教师，然后组长组织成员面向前台较紧凑地坐在一起。

（2）教师把学生交上来的个性名片在前台桌子上分组摆放，有字的一面朝下，并打乱组内名片的摆放次序。

（3）教师公布下面的活动内容与要求

①教师将依次从各组内随机抽取同学们制作的 1 张个性名片来宣读，读的时候将把基本信息略去。

②要求被抽到的小组全体背过身去，不许用声音或动作透露任何信息；其他小组认真倾听并猜测是谁的名片，在教师读完后每小组迅速商量并将结果写在 1 张小纸片上交上来。

③得分规则：负责猜测的小组，每猜中 1 次得 1 分；被猜的小组，每被其他小组猜中 1 次就得 1 分。

（4）人名竞猜

①助教为每小组发 1 支笔和若干张小纸片。

②教师依小组顺序，每次在 1 个小组中随机抽取 1 张来宣读。

③学生认真听老师读名片，并在组内小声讨论是谁的名片，然后由

每组组长将本组商定结果写下来交给教师。

④教师揭晓结果时请被抽到者起立向大家打招呼,并宣布各组是否猜中。

⑤助教按照规则为各组加分。

5. 后续活动

请心理科代表把全班每位同学的个性名片贴于教室外墙上,展示1周左右。

交流讨论

1. 你在个性名片上所描绘的内容是多还是少,是清晰还是模糊,是大众化还是个性化?这说明了什么?

2. 其他同学的名片你猜中了多少?这说明你对同学的了解到怎样的程度?

3. 有些同学的名片很容易就被他人猜中,说明这些人可能有怎样的心理特质?

4. 有些同学的名片很难被他人猜中,可能有哪些原因?这些同学需要注意些什么?

5. 你通过这个活动是否深入地了解到了更多的同学,这对于同学交往有哪些帮助?

建议与说明

1. 可以将设计名片所包含的项目写在黑板上,放在比较醒目的地方,让学生可以看到,这样可以随时提醒学生。也可以设计一张专门的名片用纸,将各个项目印在上面,学生按照项目填写即可。

2. 在对个性名片上若干个项目进行介绍解释时,教师要重点解释清楚如下几点：大部分项目都包含正反两方面的信息，如喜欢什么，不喜欢什么；性格品质是最需要详细描绘的，包括信心度、细心度、耐心度、勤奋度、友善度、热情度、开朗度、勇敢度等等；能力素质也包括各学科的学习能力；志向理想可以是近期的，也可以是十年二十年或更长时间以后的。

3. 制作个性名片时不适合给学生发彩笔，否则学生会过于追求外在形式的独特，而对自己个性等信息的文字描述较少，不利于课堂后期操作，也容易导致设计名片占用时间太多。

4. 制作个性名片时，要提醒学生不能商量和交流，不要看其他人的名片，也不能让其他人看自己的名片。

5. 人名竞猜环节，为避免被猜的团队有暴露或欺骗等干扰竞猜的现象，所以要求他们全体背过身去，不允许有任何声音、动作等特异举动。

6. 人名竞猜环节，要求各组将猜到的姓名写在小纸片上，而不是口头汇报出来，主要用意在于防止课堂秩序混乱，防止一个小组在其他小组汇报时临时改变主意。

7. 在某人的名片宣读后被猜错时，请此人来到前台，就自己的名片中的相关信息进行解释，并接受大家的质疑。此举可以促进该生的开放，增进同学间的彼此了解。

8. 教师宣读学生名片信息时，从第二轮开始，宜隐藏外貌形体特征，并从一开始就对名片中可能暴露明显身份的信息和可能会对本人或其他人带来不良影响的信息进行合理删改。

9. 人名竞猜环节，在揭晓答案时，猜对的小组会群起欢呼，气氛会比较热烈，学生情绪得到较好的抒发。

10. 教师在合适的时机分别解释容易与很难被他人猜中的可能原因，能够更好地促进课程目标的实现。

例 061　异性人缘

 活动目标

1. 宣泄压抑的性心理。
2. 找到异性人缘好或坏者的特征，与自己对照，发扬优点，改正缺点。
3. 愿意对照现实榜样学习异性交往。

 活动准备

助教 1 名，笔 1 支/人，64 开纸片 1 张/人，A4 纸 1 张/组。

 学生分组

无须事先分组。

 活动流程

1. 投票选举最喜欢的异性同学

（1）每个学生在团体辅导室内分散开来，可不规则排列，和他人间隔至少 1 米。

（2）教师布置任务：每人选举你最喜欢的 3～5 名本班异性同学，不必署名。

（3）助教分给每位学生一纸一笔。

（4）学生匿名投票选举，选举完毕后将选票对折两次。

（5）助教按性别分别将选票和笔收起来。

2. 分组讨论异性特征

（1）学生分组：同性别自由组合，每3～6人一组，选定一位口语表达能力较强的人做组长。

（2）教师布置每组要讨论的两个题目

①我们所喜欢的异性同学的特征有哪些？

②我们所讨厌的异性同学的特征有哪些？

（3）教师强调讨论时的具体要求：只准讨论特征，不许提及人名；只能是心理性格特征和行为品质特征，而不能是容貌形体特征；这些特征要符合本班异性同学实际，越多越好；组长负责记录本组讨论结果。

（4）分组讨论

①助教发给每组一纸一笔。

②学生按组讨论，组长记录。

③教师和助教巡视督导。

3. 统计学生投票选举情况

在学生讨论的同时，教师和助教按性别计票，算出得票数，排出前几名，问清全班男女生人数，数出男女榜上有名者各有多少位、各占多少比例。将得票较高的男女生名单列出备用。

4. 汇报讨论结果

（1）教师宣布汇报要求

①发言者要口齿清晰，适当放慢语速。

②其他人尊重发言者，闭上眼睛专心听讲，不随便说话。

③倾听者不必在意某条指向于谁，而要反思这些特征在自己身上是否存在。

(2) 各组长公布本组讨论结果。

5. 公布选举结果

(1) 提示学生在内心预估自己能否上榜。

(2) 教师谎称每个人都榜上有名，即每个人至少被一名异性同学所认可。

(3) 学生在内心思考自己可能会得几票，如果位居前几名将如何面对大家进行即兴发言。

(4) 教师逐个公布高票男女生的名单。

(5) 被公布姓名的学生进行即兴发言，谈自己上榜感受，以及作为异性好人缘的榜样人物要对全班同学说的话。

6. 后续活动

(1) 教师布置学生的课后任务

①请心理科代表将各组学生讨论的结果进行汇总整理，一份交心理老师，一份贴教室或者写于班级后黑板报上。（助教把各组讨论记录纸交给心理科代表）

②请同学们将这些与自己性别有关的讨论结果记于日记本上，时常拿之对照自己的言行举止。

③请班长与班委协商，甚至是请示班主任，如何为今天公布的高票同学在学生量化考评上给予加分奖励。（助教把高票学生名单交给班长）

(2) 教师的课后任务

与班主任沟通，了解被选举中无票和低票学生的情况，开展个别心理辅导。

 交流分享

1. 包括你在内的每个人都参与了投票选举，是不是说明其实每个人内心都有自己欣赏的异性同学？

2. 投票选举时，你预估自己会得多少票？其实际结果呢？这说明了什么？

3. 得票较高的这些男女同学，他们哪些表现是值得你学习的？

4. 我们所讨论的欣赏与讨厌的异性特征，在你身上存在着哪些呢？下一步要如何对待自己的这些特征呢？

建议与说明

1. 这个活动在初二及以上的青春期学生所在年级实施均可以，学生很感兴趣，活动对他们的心灵冲击较强，对他们今后行为表现也有较为实际的指导性。

2. 这毕竟是与性心理有关的敏感话题，学生会较为兴奋，会有一定程度的随便说话现象，显纪律稍乱，但一般不会对课堂效果产生较大影响。此主题课堂上学生一定限度内的说笑应该是学生性情绪的一种适当宣泄。

3. 从对初二年级各班实施本活动方案的情况来看，学生投票情况良好，极少发现无效票。投票的无记名形式是选票有效率高的保障。

4. 在讨论小组的组成形式上，同性别自由组合，确保了学生能在一个安全、自由、平等的氛围中进行有效、真实的交流讨论。

5. 预先明确选举组长的条件，并指定由组长来记录和汇报，是该组清晰有秩序汇报的有力保障。

6. 在时间较充裕的班级，在揭晓高票同学名单后，还组织各组讨论了这几位高票同学的特征，以使学生对照与先前的讨论结果是否极为相近。

7. 部分班主任老师高度评价这堂课，反映学生的投票结果很准确，确实应该给他们量化考评加分，以倡导良好的异性言行；也有部分班主任老师在班内对本节课的高票同学公开表彰，授予"文明男/女生"称号。

例 062　老师您好

1. 以欣赏的眼光来看待老师。
2. 融洽师生关系。
3. 学会利导思维和期待效应。

助教1名，笔1支/组，8开素描纸1张/组，水彩笔1盒/组，确定本班的科任教师数量（本处以10个学科10位老师计），学科标识牌。

无须事先分组。

1. 按学科临时分组

（1）助教在团体辅导室分散有序摆放10张桌子，上面分别放置着1张学科标识牌。

（2）10个学科的学生科代表出列，分别到各自学科标识牌的桌子旁坐下。

（3）剩余同学随机加入1个学科组，每组人数大致相等。

（4）教师规定每组科代表为组长。

2. 为老师找优点

（1）教师布置活动任务和要求

①为所负责的学科老师找优点。

②范围不限，既可以是教育教学方面的，也可以是个人、生活、家庭、交往等其他方面的。

③优点要具体细化，越多越好。

④优点要有依据，可以小映大、以点代面，但不可无中生有，更不能反话正说。

⑤每组讨论时由组长记录，讨论完毕后要负责汇报。

（2）助教为每队发一笔一纸。

（3）各组学生按要求讨论寻找所负责老师的优点。教师和助教巡回督促、指导。

3. 每组汇报老师优点

（1）教师宣布汇报要求

①汇报时声音要清晰洪亮，语速稍慢。

②其他人闭目认真倾听，并在头脑中美化老师形象。

③可在听完汇报后丰富自己所负责老师的优点。

④汇报完毕后其他各组均有一次发言机会，可质疑也可补充。

（2）各组依次汇报讨论结果

每组组长依次汇报，其他学生按要求聆听、质疑或补充。

4. 绘制"教师欣赏报"

（1）助教为每组发8开素描纸1张，水彩纸1盒。

（2）教师布置任务和要求

①每组为所负责的老师绘制一份"教师欣赏报"；

②欣赏报的标题为"我们眼中的×××老师";

③欣赏报的主体内容为所负责老师的优点;

④欣赏报可以用水彩笔进行简单装饰;

⑤在欣赏报的右下角标注两行字:××班全体学生×年×月×日于心理课。

(3) 把每组制作完毕的欣赏报集中悬挂起来进行课堂展览。

5. 简单解释本活动的两个依据

(1) 利导思维:把一切思考导向对自己有利的方面,即遇事往好的方面去考虑。做到凡事多从正面理解,在不利的事情中看到有利因素,改变认知角度,调整比较对象,破除思维定式,培养正面的、积极的、良好的情绪,消除负面的、消极的、恶劣的情绪,从而构成自己的心理优势,及时平复心灵创伤,快乐地学习和生活。

(2) 期待效应:在人际交往中,一方充沛的感情和较高的期望可以引起另一方微妙而深刻的变化。要想使一个人发展更好,就应该给他传递积极的期望。期望对于人有巨大的影响。积极的期望促使人们向好的方向发展,消极的期望则使人向坏的方向发展。

6. 布置后续活动

(1) 每位同学在每位老师的欣赏报上亲笔签名。

(2) 把这些欣赏报在班级教室外墙上张贴展览一个星期。

(3) 张贴完毕后由科代表将欣赏报当面呈交相应老师。

 交流分享

1. 通过寻找自己所负责老师的优点,你对这位老师的感觉和印象发生了哪些变化?

2. 通过聆听其他老师的优点,你对所有科任老师的感觉和印象发生了哪些变化?

3. 你预想我们的老师见到这份欣赏报时，他会有何反应？

4. 你预想我们的老师在收到这份欣赏报后，再来我们班级上课时，他会做何表现？

 建议与说明

1. 因课堂时间有限，对教师的欣赏也可只局限于文化课而暂时把音体美等学科排除在外，但在展览时要对为什么没有涉及这些教师做出说明。当然，只要有可能，尽量把该班级所有的老师都列入最好。

2. 在请学生为各科老师找优点时，需要强调把老师当作正常成年人，而不是多么伟大崇高的人物来找优点，否则有些班级找到的老师优点非常有限。

3. 为使各组找到更多的优点，教师通常还可提示：只要说出优点的人有其依据，本组其他成员不要反驳；在其优点的概括与具体上如果有交叉也无妨。

4. 每组汇报优点后，为其他组留半分钟到一分钟的时间来补充自己老师的优点，然后才进行质疑或补充，这有助于各队找到更多优点。

5. 每组汇报优点时，先期发言的小组质疑和补充均有，教师要因势利导，引导学生多认同老师的良好表现，这也恰恰符合了本次活动的本意。

6. 经过整堂课的寻找加补充，各队找到的老师优点均达到50条以上，有的则达到130多条，数量是非常可观的。

7. 许多相关教师对本活动给予高度肯定和赞赏，反馈说收到欣赏报非常高兴，希望心理课能多进行类似的活动，给老师们以鼓励，也是引导学生们多从积极角度看待老师。

8. 本活动设计既培养了学生的集体创意，又扩大了心理课的影响，还满足了老师们的心理需求，效果相当好。

例 063　优点轰炸

　活动目标

1. 体验欣赏与被欣赏的愉悦感。
2. 通过来自他人的"优点轰炸",树立自信。
3. 促进同学之间的交流和增进友谊。

　活动准备

助教1名,笔1支/人,小纸条1张/人,B5纸1张/人。

　学生分组

将全班学生分为每组8～10人的小组若干。

　活动流程

1. 给自己找优点

(1) 每个学生在团体辅导室内分散开来,可不规则排列,和他人间隔至少1米。

(2) 助教发给每位学生1支笔、1张小纸条。

(3) 教师布置任务:每人在纸片上写下自己尽多的优点。

(4) 学生按要求写下自己尽多的优点,完成后自己把小纸条暂时放

起来。

2. 给他人写优点信

（1）每个学生在自己小组位置围成一圈，与队友保持一定间隔。

（2）助教发给每位学生1张B5纸作为优点信，学生在这张纸的正上方写上自己的名字。

（3）教师布置任务：每人依次将这张纸向右传，每人接到他人的纸后，为他写上尽多的优点、鼓励的话或对他支持的文字。

（4）每组学生按要求操作，直到每张优点信传到本人的左边一人为止。

3. 对他人进行"优点轰炸"

（1）每小组成员围坐成"U"形，开口背向于团体辅导室中央。

（2）教师布置活动：每次一人站到小组"U"形口中央，由另一位队友将大家写给他的优点大声清晰地读出来，读完后大家一起对他竖起大拇指并大声高喊："×××（这位同学的姓名），你真棒，你是真的真的非常棒！"

（3）学生每人依次接受队友的"优点轰炸"，每人认真聆听组员们表达对他的欣赏和肯定。

（4）"轰炸"完毕后，每人将他人的优点信双手呈送给他本人。

4. 对自己进行"优点轰炸"

（1）每人接到小组写给自己的优点信后，认真地读几遍，然后取出自己写给自己的优点，加以对照。然后根据大家的意见在纸上补充丰富自己的优点。

（2）教师布置活动：每人依次站到小组"U"形口中央，将自己的优点大声清晰地读出来，读完后大家一起对他竖起大拇指并大声高喊："×××（这位同学的姓名），你真棒，你是真的真的非常棒！"

（3）每人依次接受来自自己和队友的"优点轰炸"。

 **交流分享**

1. 为自己写优点时，第一念头是什么？
2. 为自己写的优点多不多？说明了什么？
3. 为别人找优点时，对别人的印象有无改变？
4. 为别人找优点时，是否对照了自己平时的言行表现？
5. 收到他人赞赏有什么感受？
6. 对照别人写给自己的优点以及自己所写的优点，你有什么感想？
7. 对照今天同学们写给自己的所有优点，你打算今后如何去做？
8. 发现每个人均有优点，你对同学们的态度有何改变？
9. 大家的优点各异，我们应该如何与优点不同的同学们相处？

 建议与说明

1. 学生通常对自己的优点认识较少，好多学生会说自己很少甚至没有优点，而他人有许多优点；在给自己写优点时通常也只是寥寥几笔。

2. 学生在头脑中搜索对他人的印象时，通常会更多地想到别人的缺点，想不到优点，是因为大部分人平时对他批评指责多于鼓励、安慰。但通过有意识地为他人找优点，写着写着就会看到别人的优点，并越来越多。

3. 写别人的优点而不是缺点，能够让学生更多地用欣赏的眼光看待周围的人，彼此多一份欣赏和包容，从而融洽同学之间的关系。

4. 学生在课堂上收到优点信，体验到每个人都在默默地关注和支持着自己，所以应该珍惜身边的每一个人，从而能够增进同学间的友谊。

5. 学生先为自己找优点，后又在同学的"优点轰炸"下丰富自己的优点，还在小组内当众公布自己的优点，这些举动，从认识到行动都培养、增强了学生的自信心。

例 064　合作拼图

 **活动目标**

1. 在竞争中学会合作。
2. 在问题中化解矛盾冲突，获取共赢。

 **活动准备**

助教 1 名、挂历拼图 1 套/组（用剪刀将大约 1 开的硬纸挂历，剪成差不多大小、形状各异、不规则的 12 块，即为 1 套），事先把 4 套拼图均匀打乱。

 **学生分组**

将全班学生分为每组 8～10 人的小组若干（本文以 4 个小组计）。

 活动流程

1. 教师宣布第一轮活动要求

（1）由 4 套用挂历做成的拼图，已经被打乱顺序，分成了 4 份，每组 1 份。

（2）每个小组的任务是要利用手中的拼图，拼成一个大的完整的图形。

（3）完成任务的先后顺序不同，得到的奖励分数则不同，越快越好。

（4）各组可通过交换或其他方式进行拼图，但不许偷和抢。

（5）各组保护好拼图，不能弄坏，否则为小组扣掉分数。

（6）发下拼图后各组先不要动，统一开始时间。

2. 学生第一轮拼图

（1）各组在彼此相距一定距离的位置集合。

（2）助教将分好的每份拼图反面朝上发给每个小组，并观察各组的情况。

（3）教师统一宣布开始，并用秒表计时。

（4）教师和助教观察各队在拼图过程中出现的各种问题，以便让学生发言时提出问题，并思考相应的对策。

3. 第一轮活动小结

（1）教师宣布各组完成的先后顺序情况；助教根据各组完成顺序给各组分别加分。

（2）学生交流讨论刚才活动情况。

4. 第二轮活动

（1）教师宣布第二轮活动规则：在第一轮规则的基础上，要求四个小组最晚完成拼图所用时间要少于第一轮的平均时间，否则各组都不得分。如果能够在规定时间内完成，则四个组按完成顺序加分。

（2）各组学生讨论方法策略。

（3）学生进行第二轮拼图活动。

（4）第二轮活动小结。

5. 第三轮活动

（1）教师宣布第三轮活动规则：在第二轮规则的基础上，如果最慢完成任务的小组所用时间比第二轮最快的小组完成时间还要短，各队均得满分 4 分，如果不能，各队均得零分。

（2）各组学生讨论方法策略。

（3）学生进行第三轮拼图活动。

（4）第三轮活动小结。

6. 第四轮活动

（1）教师宣布本轮活动规则：在第三轮规则的基础上，如果最慢完成任务的小组所用时间比第三轮最快的团队完成时间还要短，各组本次课活动分均记为满分，如果不能，各组本次课全部活动分改计为零分。

（2）各组学生讨论方法策略。在这一阶段的讨论中，学生开始合作，走出小组，共同协商拼图的策略。

（3）学生进行第四轮拼图活动。

（4）第四轮活动小结。

交流分享

1. 最初两轮拼图时，大家是怎样做的？最后两轮拼图时又有了哪些变化呢？
2. 拼图过程出现了哪些问题？又是如何解决的？
3. 我们是如何实现每一轮活动成绩的飞速提升的？
4. 在拼图活动中，各组之间是什么关系，竞争还是合作？
5. 你如何理解竞争与合作的辩证关系？
6. 在我们的日常学习和生活中如何落实"合作共赢"的思想？

建议与说明

1. 拼图游戏大家小时候也玩过，但本次活动打破以往的拼图规则，将图形打乱，分小组比赛进行，各取所需，学生很感兴趣。
2. 由于拼图是用纸挂历做成的，为防止学生抢夺时撕坏挂历，在讲解规则时要强调这一点，对于撕坏图片的小组要扣分以示警告。

3. 对活动中出现的各种问题，比如争夺图片等现象，教师不要正面提出解决对策，而应该让学生去发现问题、提出问题，并思考解决问题的对策和办法。

4. 活动时间要求一轮比一轮严格，每一轮都比上一轮最短的用时还要短才能得分，这就激发学生积极探索寻找方法的热情，学生的行动也更加迅速。特别是最后一轮，学生共同合作完成速度较快，给每个小组都加满分，一方面很好地利用了分数的激励作用，鼓励了他们行动要迅速；另一方面，也让学生深刻体会到只有合作才能实现最大程度的共赢。

5. 随着活动的一步步深入，学生在充分参与、体验的基础上，发现问题，主动探索解决的办法，由开始的小组内合作、组间激烈竞争到大团队合作、实现最后的共赢，很好地实现了教学目标。

6. 各轮开始前的计分导向很重要，它影响着学生在操作时会侧重竞争还是合作，并且能够让学生清楚地体验到竞争与合作时完成任务的时间长度的不同。

例 065　数字传递

活动目标

1. 体验人际间的非言语沟通，增进同学们之间配合的默契。
2. 促进全面、周到地考虑问题。
3. 认识人际间谣言的虚妄性，知道如何对待谣言。

活动准备

笔1支/组，小纸片若干，眼罩1个/人。

学生分组

将学生分为每组8～10人的小组若干。

活动流程

1. 教师讲解活动规则

（1）活动任务：将老师公布的数字尽快由排尾依次传递到排头，要求准确无误。

（2）活动规则

①每队所有同学面朝前台站成一列，除排尾同学外都戴上眼罩。

②老师将向每队排尾同学展示一个数字，比赛开始后排尾同学就可

以轻拍前人肩膀,等他摘眼罩转身后将这一数字传递给前面一位同学,前面同学接收后再依次向前传递。

③数字传递时不许讲话,不许用口型,不许用纸笔,只能用手势、表情等非言语举动。

④传递只是两个人之间的传递,已完成任务的同学要向后转身,尚未传递的同学要原地戴着眼罩耐心等待。

⑤排头同学接收到数字后迅速在给定的纸片上写下来并交给老师。

⑥传递正确的团队得5分,不正确的不得分;传递正确的团队依据完成速度可得到1~2分的速度分;违反纪律与活动规则的团队要酌情扣1~5分。

⑦比赛将分为若干轮,每轮之前都给各队一定研讨与练习的时间。

2. 第一阶段活动

(1) 进行4轮左右,视学生传递的情况将难度逐渐加大,可参考的四个数字为:9、85、300、1212。

(2) 教师和助教指导、监督各队,主要让各队学生在队长组织下加强研讨和练习,并监督各队比赛时纪律情况。

(3) 可在第三轮赛前提示同学们:各队将代表各数字的信号统一了吗?每个人都掌握了吗?应更重视速度还是准确?如何确保顺利交接?可否应用检查策略?你在内心抱怨出错的队友了吗?

(4) 按比赛成绩加分并分享。

3. 第二阶段活动

(1) 每轮练习时均提示学生要考虑认真、全面、周到、细致。

(2) 进行4轮左右,视学生传递的情况将难度逐渐加大,可参考的四个数字为:3.2、5/6、-1/2、10%。

(3) 教师和助教指导、监督各队,主要让各队学生在队长组织下加强研讨和练习,并监督各队比赛时纪律情况。

（4）按比赛成绩加分。

 **交流分享**

1. 你们小组是应用哪些非言语方式来进行沟通的？效果怎么样？彼此配合默契吗？

2. 你认真参考小组的计划商讨了吗？你严格落实小组确定的方案了吗？为什么？

3. 你们在传递与接收数字时，进行检查与确认了吗？效果如何？

4. 这个游戏说明速度与准确哪个更重要？对于我们有哪些启发？

5. 在第二阶段活动中，你们做到"认真、全面、周到、细致"了吗？

6. 这个游戏中数字的传递过程和结果，是不是就像生活中人际间谣言和流言蜚语的传递？我们应如何对待这些谣言和流言蜚语？

 建议与说明

1. 各队人数越多，游戏难度越大。建议各队人数以8～10人为佳，最多不要超过12人。因为难度如果过大，会使学生丧失获胜信心。各轮比赛的平均准确率宜掌握在50%或稍高一些为好。

2. 刚进入第二阶段研讨时，好多同学误以为下几轮比赛数字位数会增加，老师在提醒各队研讨要考虑认真、全面、周到、细致的同时，可提醒说下几轮传递的数字并不大，但研讨不充分的话将会很有难度。

3. 虽经提醒，但在比赛第二阶段第一轮时，排尾同学看到小数点仍是目瞪口呆，在传递中也是困惑迷茫不知所措，通常这一轮各组都是"全军覆没"。但此后学生会迅速思路大开，分数线、负号甚至是根号都会考虑到，并研讨如何表达。

4. 分享时，除了配合方面以及周密计划方面，学生对对其他方面的感受也较多：关于责任、一招不慎全盘皆输、宽容与责备、成败与信心等。

5. 此活动为了便于操作，学生也可不戴眼罩，只要能够保证数字的传递只是在相邻两人间进行，就对效果影响不大。

例 066　心理竞买

1. 了解个人内在的心理需要。
2. 实现学生内心自省。
3. 懂得人生经常要遇到选择和取舍。

助教 1 名,《模拟竞买表》1 张/人,笔 1 支/人。

将全班学生分为每组 8~10 人的小组若干。

1. 了解拍卖规则
(1) 学生分散开坐在各自座位上。
(2) 助教发给大家每人一张《模拟竞买表》(详见附件)。
(3) 教师宣读并适当解释心理商品拍卖的活动规则(详见附件)。
2. 预购心理商品
(1) 学生对照表格中的心理商品,思考:哪些对自己是重要的?要出多少"心币"来购买它?

(2) 学生在表格的"预付金额"一栏中选购对自己来说最重要的商品,不购买的划"×",意欲购买的,标出预付金额。

(3) 学生核对所购商品的总金额不超过 100 万"心币"。

3. 心理商品竞价购买

(1) 教师主持竞买会,逐项拍卖。根据学生的预付金额情况,确定本项商品的成交价格,宣布达到成交价的购买成功;没有达到成交价的购买失败,该项商品不能拥有,而且预付的金额作废。

(2) 学生在表格"竞买成败"栏中分别用"√""×"标记是否竞买成功。

4. 价值排序

(1) 学生回顾购买或不购或购不到某项商品时的内心真实感受。

(2) 每个学生根据自己的需要和反思,给 10 项商品在表格的"竞买思考"一列中按照它们对自己的重要程度排序,最重要的排第 1 位,最不重要的排第 10 位。

5. 搭建"通天"之路

(1) 教师提示:每个人对 10 项商品最终的排序,从很大程度上代表了每个人的价值取向,这些我们认为重要的东西,我们要在实际生活中为之奋斗,努力追求。对我们学生来说,需要通过哪些途径,进行哪些方面的努力才能达成呢?

(2) 各组汇总每人的价值排序,列出自己小组最重要的前三项,讨论如何才能实现它们。

(3) 各组分别出示最重要的前三项,并汇报讨论结果。

交流分享

1. 你是否将手中的钱全部花掉?为什么?你的感想是什么?

2. 你最想买的商品有哪些？为什么？想买的商品，最终买到了吗？为什么？

3. 你是否买了你其实并不想要的商品？为什么？

4. 你的价值排序与其他大部分同学的排序是否相近？这说明了什么？

5. 要实现这些最重要的愿望，根据你自己的现实情况，你下一步需要怎么做？

6. 本次竞买活动对你有什么启示？

建议与说明

1. 每项商品的成交价，以总有一到几位同学买不到为准。当然，如果某项商品有太多人的最低出价一致或者购买者特别少，也可以视为全部购买成功。

2. 主持拍卖活动时，为了解学生对某项商品的预付金额以确定成交价，老师可用调查法，请出价超过某个金额的同学举手，进行这样几次调查后，本项商品的成交价即可确定了。

3. 在活动最后阶段，也可让每个学生根据自己的需要和判断给10项物品分别出价，最低可出到1万"心币"，这样可以使学生在经历课堂体验与内省后了解自己真正的内心需要。

4. 为了让学生更加认真地选择，更加难以取舍，可强调一旦填写完毕不能更改，并对竞买作适当说明，比如不购买物品的意义（意味着其能力水平只能维持现状，甚至可能会下滑）、"心币"的来源等。

5. 学生发言分享时，老师可提醒学生，不以竞买成败来考核，要诚实表态，真诚分享。

6. 表中"其他"一栏可以不填写，但若填写，内容必须为具体项目,不能是"心想事成""超能力"等。

7. 从中学生选填的实际情况来看,第1、5、6、8、10项得到更多学生的重视,第3、9项最容易被多数学生所舍弃。

▶ 附件:模拟竞买表

模拟竞买表

班级_____ 姓名_____ 性别_____

一、活动规则

1. 本次活动共有10种心理商品可供选择,每种底价10万心币,每种商品数量有限,根据所出价格的高低,由出价高者优先购得。

2. 每人手中有且只有100万心币,它代表着父母等亲友的关爱以及你以往十多年个人努力拼搏而积累培养的心理能力,请慎重消费。

3. 请同学们根据自己的需要和财力以及商品的底价,写出你所选购商品的预付金额。出价以万为单位,不能低于底价,只能为整数,不要出现小数点,一旦竞买开始不能更改。

4. 每个人手中的金额不能转让,不能两人或多人合买一项商品,每个人不能重复购买同一种商品。竞买结束后,剩余的金钱作废(包括出价未购买到物品的钱也不能回收)。

5. 不选购或者买不到某项商品,则意味着相关能力水平只能暂时维持现状,无法得到保障和提高。

二、商品清单

序号	选购商品	底价	预付金额	竞买成败	重新排序
1	健康、强壮的身体	10万心币			
2	远远高出其他人的智商	10万心币			

(续表)

序号	选购商品	底价	预付金额	竞买成败	重新排序
3	令人羡慕的身材、相貌	10万心币			
4	知足常乐的快乐心态	10万心币			
5	自制力高,意志坚强	10万心币			
6	足够的自信心,不自负不自卑	10万心币			
7	使学习效果成倍提高的方法	10万心币			
8	融洽的同学关系,亲密的朋友	10万心币			
9	来自异性的好感	10万心币			
10	亲人健康快乐,家庭和谐美满	10万心币			
其他					
	合计	100万心币			

例 067　学科推介

1. 在推广介绍各自学科的过程中，增加对该学科的了解和兴趣。
2. 接受其他学科的推广介绍，增进对所有学科学习的感情。

助教1名，水彩笔1盒/组，1开纸1张/组，《学科兴趣评价表》1张/人，事先了解学生所学学科的数量和名称。

无须事先分组。

1. 组建学科推介组

（1）请各主要学科科代表出列，请他们分别站到指定区域，担任自己学科组的组长。

（2）请各组长在班级其他同学中挑选组员，挑选标准是：对本学科感兴趣的人。

（3）各组内部成员相互握手，围坐在一起。

2. 准备宣传推介内容

(1) 各组在组长带领下,讨论学习自己学科知识的重要性、乐趣等。

(2) 发给每组1盒水彩笔和一张1开大纸。

(3) 各组把自己学科的宣传推介内容制作成宣传推介海报。

3. 学科推介会

(1) 各组在指定位置摆起推介摊位,悬挂推介海报。

(2) 各组依次向全体同学推广介绍自己学科,要求图文俱佳,声情并茂,有内涵,有感染力。

4. 学科自选"超市"

(1) 除组长以外的所有同学,到自己最不喜欢学习的学科摊位前,倾听对方的后续宣传介绍,提出自己的学习无趣及学习困难等情况,请对方成员给予指导和解答。

(2) 如果自己对这一学科的兴趣有了提升,就站到该摊位前帮组长向其他人做宣传推介。

(3) 如果最终仍不能对这一最不喜欢的学科增加兴趣和感情,就请在教师宣布推介活动结束后坐到教师指定的另一区域。

5. 学科兴趣评价

为每人发一张《学科兴趣评价表》,请学生如实填写。

类别一	较感兴趣的学科1	较感兴趣的学科2	较感兴趣的学科3
学科名称			
感兴趣的原因			
类别二	原本不感兴趣的学科1	原本不感兴趣的学科2	原本不感兴趣的学科3
学科名称			
有哪些新的了解和认识			

 **交流分享**

1. 你最感兴趣的学科是哪一门？你为什么对它感兴趣？
2. 在本次活动中最初你被分到了哪一学科组？你对这一学科的了解、兴趣和感情有了哪些变化？
3. 你本来对哪一门或哪几门功课不太感兴趣？为什么？
4. 通过本次宣传推介活动，你对原本不感兴趣的那一门或几门学科，有了哪些新的认识？你对它的兴趣有没有变化？
5. 思考你对这些学科的兴趣产业变化的原因，从中你有什么启发？

 建议与说明

1. 本活动中所涉及的学科，应该包括学校在班级开设的所有学科，但考虑到课堂时间、场地、学生情况等现实因素，通常以语文、数学、外语、物理、化学、生物、政治、历史、地理等作为学生推介的学科。

2. 在按学科兴趣分组时，建议由各组长轮流挑选，这样能够保证各组人数的大致均衡。如果任由同学们自由挑选，可能会出现各组人数很不均衡的情况，进而影响到各组进行宣传推介的效率和效果。

3. 在按学科兴趣分组时，哪怕有学生被分到的小组，并不是他最感兴趣的学科组，但只要他积极投入任务中，一样可以有很多的收获。

4. 如果能够提前几天分组和布置学科推介任务，学生可以有更多的时间和精力来搜集资料，制作海报，悬挂宣传横幅等，效果应该会更好。

5. 在"学科自选超市"阶段，要求学生对原本不太感兴趣的学科，如今只要兴趣和感情能够增加哪怕一丝一点，就可以加入到这一学科组的宣传推介中，目的是为了让学生在后继向他人推介的过程中，能够进行自我教育、自我感染。

6. 在"学科自选超市"结束时,通常不会有学生表示说仍对这一学科没有兴趣和感情。万一真有这样的同学,课后要找他进行个别辅导,必要时与其相应学科教师和家长等联系,做好延伸辅导工作。

例 068　找出卧底

 **活动目标**

1. 学会认真观察和分析，不盲目做决定。
2. 体验人际交往中被人误解与冤枉的感受，并学会换位思考。

 **活动准备**

助教 1 名，制作词语卡片若干份。

 **学生分组**

将全班学生平均分为 6～10 组，每组选出 1 位小组长。

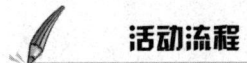 **活动流程**

1. 观看视频

播放电视娱乐节目视频《谁是卧底》剪辑。

2. 教师宣布活动规则

（1）每个小组都会领到一张词语卡片，每轮中只有一组手中的卡片上的词语是与其他小组不同的，这个小组被称作"卧底"。

（2）每组每轮用一个词语描述自己手中的词语，既不能让卧底察觉，也要给同伴以暗示。如果发觉本组是卧底，则要隐瞒本组的身份，迷惑其他组。

(3) 每轮描述完毕,所有人选出怀疑的卧底,得票最多的小组出局。

(4) 如果出局的小组确实是卧底,本轮游戏结束;如果不是,则游戏继续进行。

(5) 当场上只剩余三个小组,且卧底还在时,卧底获胜;反之则"大部队"获胜。

(6) 每组都只能看到自己的牌,而不能看到其他小组的牌,包括卧底。

3. 第一轮游戏活动

(1) 助教将一组词语卡片顺序打乱后,反扣着发到各组组长手中。

(2) 自教师指定的小组开始,依次用最简洁的语言描述本组卡片词语的特征。

(3) 指认哪组是卧底,如果意见不同,那么以"少数服从多数"的原则来决定。

(4) 被认为是卧底的小组出局。

(5) 如果出局的小组确实为卧底,本轮游戏结束,卧底失败;如果不是,则游戏继续。

(6) 游戏结束时,揭晓哪一组是卧底,并收回词语卡片。

4. 继续游戏

(1) 助教再分发下一组词语卡片,游戏继续。

(2) 教师根据学生状态和课堂时间决定活动轮次。

 交流分享

1. 游戏中自己对是否为卧底身份不明确时,你们有怎样的心情和举动?

2. 发觉自己是卧底时,你们是以什么样的心态和举动来玩这个游

戏的？

3. 发觉自己不是卧底时，你们又是以什么样的心态和举动来玩这个游戏的？

4. 不是卧底的小组被"冤枉"时，有哪些感受呢？

5. 自己坚持认为某小组是卧底，但结果证实其不是卧底时，你有哪些感受呢？

6. 这个游戏还带给你哪些思考和启发呢？

 建议与说明

1. 课堂之初播放的剪辑视频，为湖南卫视《快乐大本营》节目中《谁是卧底》的精彩片断。教师剪辑时重点保留游戏规则、游戏重点环节、精彩描述等。

2. 游戏所用的词语卡片，要事先打印裁剪，分组放置备用。如果全班一共分为 10 个小组，则每对词语中，一个印 1 份，另一个印 9 份。

3. 每对词语必须是学生较为熟悉，有区别但又很相关的两个词语。例如桌子，椅子；电视，电影；钢笔，铅笔；大树，木头；课本，作业本；黄牛，山羊；身份证，银行卡；电灯，蜡烛；杯子，瓶子；星星，月亮；医生，护士；售票员，售货员……

4. 游戏中，各组内部成员可以交流讨论，但各组之间不允许交流沟通。

5. 每轮游戏一旦确定了出局者，该组就要把卡片交给助教，助教以此来确定本轮游戏是否继续。

6. 如果全班人数较少，也可不分组，每人领得一张卡片来参加游戏。

例 069　黑色数字

1. 体验紧张与放松的两极情绪。
2. 体验团队之间互相合作、共同承担责任的感觉。
3. 锻炼提高心理抗挫折能力。

助教1名，白板笔1支，白板，报纸卷1根。

将全班学生平均分为每组8～10人的小组若干。

1. 活动导入

"今天我们要玩一个叫作'黑色数字'的游戏。"

老师询问大家对"黑色"这个词的感觉是什么，学生一般会回答：黑暗、阴森、神秘的、未知的等等。

老师揭示这堂课"黑色"寓意：有三个意思，首先大家看到了这个数字是用黑色白板笔在白板上写出来的；其次黑色意味着神秘、未知和不可预料的,也就是除了我和助教老师外大家都不知道这个数字是几;再次就是团队猜中黑色数字后的结果是全体依次接受"报纸乌龙棒"的棒打。

2. 教师讲解活动形式和要求

(1) 活动分为若干次,每次的活动形式、要求一致。

(2) 活动开始后,老师或助教在白板上写出一个数字,数字范围是0~100内的自然数,那么大家猜的范围也就是1~99,数字只有老师和助教知道,白板是背向大家的,整个过程中数字不会有改动,大家可以一起监督。

(3) 写出数字后,由某一个小组先来猜,小组竞猜顺序由各组长猜拳来决定,那么下一轮就由下一个小组先猜。猜的过程中每组给出的数字必须是全组所有人的一致意见,并由组长告诉老师;每次均会留出小组商量的时间,但是不允许超过一分钟。

(4) 老师会根据小组给出的答案及时缩小答案范围,以方便大家猜中。比如所写数字是9,某小组给出的答案是50,那么老师会提示数字范围是0~50,直到有小组猜中为止。

(5) 猜的过程中,当只剩下最后几个数字时,老师会按照顺序让剩余小组选择答案,并最终揭晓黑色数字。

3. 第一轮活动

(1) 各组组长出列决定哪个队先猜,赢的小组先猜,只确定出第一个竞猜小组,之后就从这个小组开始依次排列。

(2) 老师和助教要适时带动现场气氛,制造活动紧张感,调动大家参与的积极性,并最后由老师对猜中小组的每一位成员用软报纸卷进行"棒打"。

4. 继续活动

老师注意调动大家参与活动时的积极性,助教老师密切配合。

 **交流分享**

1. 大家在猜的过程中有什么感受？尤其是当这个数字的范围越来越小时大家的感觉怎样？当宣布答案后自己团队没有猜中时大家的感受又是如何？

2. 怎样才能够尽快猜出这个数字？

3. 如果由于某一个团队成员的决定而使得全队"挨罚"，大家的表现又是如何？

4. 这个活动带给了你哪些心理体验？

 建议与说明

1. 由于活动本身很有趣，紧张又刺激，大家很乐意参加，参与积极性高，由此获得的体验也较丰富和深刻。

2. 在猜数字的时候，学生很容易倾向于猜那些简单或特殊数字，教师要尽量避开这些数字，但是总的原则是让学生找不到规律。

3. 在活动实施的过程中，教师要充分发挥自己主持人的角色。尤其是当小组给出自己的答案时，教师要制造紧张的气氛，透出悬念来，以带动大家参与活动的气氛。比如教师可以适时询问其他小组："这个团队会中吗？""大家认为会中吗？"等等。

4. 在用软报纸卷对猜中"黑色数字"的小组成员进行惩罚时，教师要把握好力度，不要太用力以防止学生有抵触情绪，也不要如蜻蜓点水般轻柔，这样学生会因为感觉不到受罚而降低紧张感。教师也可以在打完小组成员后打自己一下，这样既可以制造欢乐气氛，又不至于让被打的学生难堪。

5. 由于在竞猜的过程中会出现好多数字，所以上课教师有时候会因忘记数字而出现冷场，这时候教师一定要询问前个团队报的数字是多少，然后再宣布数字区间，关键要记住自己写的数字是多少，避免造成一不小心把区间报错的情况。

6. 在发言分享时，起初学生可能没有提出紧张与放松的两极情绪体验，教师可以根据学生的回答往这方面引导。在引导大家谈到共同承担责任时，可以讲到"有福同享，有难同当"这样的字眼，来激发他们说下去。

例070　心理选美

1. 意识到当众发言应注意仪表、姿态、声音等事项,对这些开始注意并尝试修正自身。

2. 通过参赛锻炼上台发言的能力,通过自身发掘和最终的得分差距,明确个人这方面的心理素质如何。

3. 认识到"台上一分钟,台下十年功"的道理,开始认识到平日心理素质锻炼的重要性。

助教1名,制印《"心理选美"比赛评分表》。

将全班学生分为两大组。

1. 教师板书并解释能体现心理的四种美

（1）仪表美：整洁典雅,自然大方；

（2）语言美：清晰流利,礼貌文雅；

(3) 姿态美：姿势端庄，体态优美；

(4) 心灵美：积极善良，自信、乐观。

2. 教师宣布心理选美比赛规则

(1) 四种美的分值分别为 20、20、20、40。

(2) 将全班同学分为两大组先后参赛，不参赛时即做评委。

(3) 参赛者展示时间为 30~90 秒。

(4) 参赛语言要求是即兴发言，读或背诵者将酌情扣分。

(5) 评委评分时，前三种美依据选手台上表现，第四种美依据选手平时表现。

3. 心理选美比赛

(1) 确定哪组先做参赛组，另一组即先做评委组。

(2) 确定参赛组成员的上台参赛顺序。

(3) 参赛组成员简单准备。

(4) 给评委组每人发一张评分表。

(5) 参赛组选手依次上台展示，评委进行评分，助教持秒表计时提醒。

(6) 第一组参赛完毕后，评分表上交。

(7) 两组互换角色，分别进行简单准备。

(8) 第二组选手依次上台展示，评委进行评分，助教持秒表计时提醒。

4. 后续活动

(1) 助教统计每组的得分情况，确定每组的前几名同学。

(2) 为得分较多的前几名同学公开颁奖，号召大家向他们学习。

 交流分享

1. 你作为参赛选手在台上展示时，仪表、姿态、语言这三项优劣势

各是什么？

2. 你留给同学们心灵美的印象如何？与你自我评价是否有差距？

3. 你作为评委时，发现同学们哪些表现值得学习或思考？

4. 我们在台上一分钟时间的表现，却反映了"台下十年功"的积淀，这其中很重要的影响因素是心理素质，这些心理素质要如何培养锻炼呢？

5. 与我们今天心理选美比赛类似的场景在现在的生活和今后人生中还会有哪些呢？我们要如何应对这些挑战呢？

6. 我们的中考、高考虽不直接考心理学科，但在平时的学习和考试中，无时无处不在考查我们的心理素质。

建议与说明

1. 本活动常被用于学期或学年末，用来考查学生的心理素质情况。

2. 活动要求每人展示时长为30～90秒，助教在30、60、90秒钟时各轻声吹哨提醒一次，如果选手在30秒钟内或90秒钟外结束，助教可向评委提示说此选手时间控制不好。

3. 学生参与这一活动的热情很高，好多学生上台前很久就流露出了紧张情绪，说明他们对于这一比赛还是相当重视的，几乎所有做评委的学生也都能以认真负责的态度打分，有些班级则更是掌声不断，气氛相当热烈。

4. 实践证明，重点班中部分学生表现特别从容优雅，但其中表现不佳的那部分学生的人数和程度并不亚于普通班，所以说不能说重点班学生的心理素质明显优于普通班。

5. 学生在台上表现出的不佳情况很多：语无伦次、话无新意、身体乱晃、缺少体态语言、明显紧张、言语中主动暴露弱点等。

6. 如果有参赛学生询问在台上语言表达的主题限定，教师可回答说不限定每人台上演讲的主题，只提醒说这是一次心理选美比赛，直白地说，你是在用你的语言等诸多途径争取评委给你打更高的分数。

7. 普通规模的班级，助教较难在课堂上计算出每组成员的排名，所以通常采取课后统分完毕后到教室颁奖的做法。

8. 心理教师最好能够与班主任、礼仪、语文、体育等教师合作，共享本次活动的过程和结果，有利于形成教育合力，全面提高学生素质。

9. 对于此游戏的价值导向，教师需做好引导，游戏目的是让同学们互相学习心理美的各种优点，互相鼓励改正缺点，而非引导同学们形成"我塑造我自己的人格，评价自己的优劣，是通过别人的眼光和评价完成的"此种价值观。

 附件："心理选美"比赛评分表

序号	姓名	仪表美 （20分） 整洁典雅 自然大方	语言美 （20分） 清晰流利 礼貌文雅	姿态美 （20分） 姿势端庄 体态优美	心灵美 （40分） 积极善良 自信乐观	总分

第六单元
心灵探索活动例举

例 071 回顾与展望

1. 增强班级团结力、凝聚力和士气。
2. 回顾上一学年经历,总结得失成败。
3. 确定并公开承诺自己的行动计划,愿意为之付诸行动。

助教1名,笔1支/人,小纸片若干,相关音乐。

将全班学生分为每组8~10人的小组若干。

1. 放松训练

助教播放背景音乐《春天的早晨》。

每个人取个舒服的姿势在椅子上坐好,闭眼做几次深呼吸。

2. 催眠性回顾

助教播放音乐《再回首》。

教师引导语:请每个人放右掌于头部右侧,这是人最容易回顾过去的大脑区域，回顾你一年来（尤其是某次班会后、某次考试后、某次跟谁谈心后等）为了追求心中的梦想，曾多少次下定决心要如何如何做，你付出了哪些努力，坚持了多久，取得了怎样的效果呢？这一年还发生了哪些影响你学习、成长和发展的重要事件呢？

3. 汇报分享

请部分同学分享自己的经历和感受。

4. 放松承上启下

助教播放音乐《从头再来》。

大家继续坐下来闭目深呼吸。

5. 催眠性展望

教师引导语：过去已成历史，未来正在召唤，我们所真正能把握的是现实中的每一分钟，为了实现你心中那永远不会磨灭的梦想，你需要有你的个人行动计划，它与你梦想的实现息息相关，不在乎它有多少，也不在乎它的大小，或许以前你虽能做好却因个人意志问题没能坚持下来，现在你想重新确定它作为你的行动计划，你愿意向大家公开承诺自己的行动计划，并希望同学们能支持你、监督你实现这一行动计划。

6. 组内公开计划

助教播放音乐《真心英雄》。从组长开始，每个人在组内公开自己的行动计划，要求体现自己的信心和勇气。

其他人用掌声、表情和眼神给予支持与鼓励。

7. 班内公开承诺

每个人在前台向全班同学公开承诺自己的行动计划。

承诺者要前跨一步，身体站直昂首挺胸，庄重严肃地大声承诺："我叫×××，我在此向全班公开承诺（举右手呈宣誓状）：我要……请大家支持我、监督我！（鞠躬）"

台下同学用掌声给予鼓励和支持。

助教播放音乐《我的未来不是梦》。

 交流分享

1. 回顾过去，你想到了哪些画面？产生了哪些情绪？又有怎样的感受？

2. 你过去这一段经历，曾有过怎样的目标和计划？最终落实得怎样？有哪些经验或教训？

3. 其他同学分享的他们的经历，对你有哪些启发？

4. 在对未来进行展望时，你期待在什么时间实现什么样的目标？为此你计划近期要坚持付诸什么样的行动？

5. 在向全班同学宣布自己的行动计划时，你是怎样的心情？你期望同学们今后如何待你？

6. 其他每位同学都庄重地宣布了他们的行动计划，你愿意支持他们实现目标吗？你觉得这对于我们班级风气有哪些影响？

 建议与说明

1. 此活动建议在新学段或新学年之初开展，这样的时机，有助于起到承前启后、回顾总结过去以展望未来的作用。

2. 回顾过去，总有许多人留有太多遗憾，形成遗憾的原因也会较多地归结为自己决策或行动的失误，引导学生在课堂上盘点过去一年，将这些历史的遗憾重新映入头脑中，有助于为下一步展望与承诺做好铺垫。

3. 在展望与承诺阶段，先用暗示性语言巩固与强化学生心中的蓝图，然后引导学生形成有助于将目标兑现的具体行动计划，让学生先在团队内部说出来，然后在班级所有同学面前宣誓承诺，会有助于学生将这些行动计划最大可能地去做、去坚持。

4. 操作中，教师要引领学生在展望未来树立目标的基础上，确立具体可行的行动计划。学生在组内交流和班内承诺时，也必须要有具体可行的行动计划。因为空喊目标，不如承诺具体可行的行动计划对人的行为改变更具有现实动力。

5. 实际活动时，可能总有小部分学生所承诺的行动计划不是具体可观测的，而是模糊笼统的，这不利于个人承诺的履行和大家的监督，最好能在引导时加以强调，并在各组内部交流时，及时发现纠正。

6. 学生对于富有激情的本节课，通常投入度还是较高的，学生能够庄重认真地来进行这一活动，当然也会对他们的学习和成长产生积极作用。

7. 学生在全班宣誓承诺时，可请两位班干部记录下来，课下整理后将每个人的行动计划书长期张贴于本班教室，能使这一活动发挥持续效果。

例 072　征友启事

训练目标

1. 学会择友,在班级内发现更多的朋友资源。
2. 反省自身与交友有关的言行表现。

训练准备

助教1名,笔1支/人,64开纸片1张/人,眼罩1个/人,《找朋友》和《朋友》歌曲。

学生分组

无须分组。

活动流程

1. 书写征友启事

（1）书写准备

全体学生在团体辅导室内分散坐下,彼此之间保持一定间隔。助教为每人发1张纸、1支笔。

（2）教师公布启事内容及要求

内容:征集什么样（具有哪些特征）的同学做朋友。

书写要求如下：

①写对方的特征而不是姓名；②写对方应具备的条件，不用写自己的特征；③写对方的心理行为特征，而不是性别、生理等特征；④根据自己的内心真实需要，写出你认为最重要的最核心的那几条关键特征；⑤特征不宜模糊或无意义，如愿意与我交往的或能对我友好的；⑥不用署名，即不用写自己的姓名。

（3）学生按要求书写征友启事

教师和助教巡视督导。

2. 发布征友启事

（1）发布准备

①助教为每人发放一个眼罩；②学生继续坐在原处，戴好眼罩，将启事放在左手中。

（2）教师布置本阶段要求

①发布启事者：被老师从手中取走启事者即可摘掉眼罩悄悄站起来，待大家举手时留意大约有多少人符合自己的征友条件。等老师替自己将启事发布完毕后，走到每一位举手同学面前与其握手，然后戴好眼罩悄悄坐下来；②其他同学：静静地认真倾听老师公布每一位同学的征友启事，不必去猜是谁写的，根据听到的征友条件在内心对照审核自己的言行表现，如果基本符合则举起右手。

（3）发布每人的征友启事

教师依次从每个学生手中拿过其纸片来宣读，代其发布征友启事，但尽一切可能让其本人以外的所有人不要猜到读的是谁的。

助教巡视督导。

3. 找朋友

（1）学生深入思考

①学生戴着眼罩继续坐在原位；②教师引导学生思考交友相关问题；

③助教收回眼罩。

(2)"找朋友"活动

①学生随机在活动室两侧站好；②助教播放歌曲《找朋友》；③教师起头并与学生合唱《找朋友》；④每个学生迅速找到在发布自己征友启事时举手的同学与他握手交友。

(3)集体分享

学生发言分享本次活动的感受与收获。

4. 结束活动

①助教播放歌曲《朋友》；②全体学生手拉手围成一大圈，跟随音乐合唱歌曲《朋友》。

 交流分享

1. 写征友启事时态度是否真诚？
2. 这些对朋友的要求，你自己真正百分百地做到了吗？
3. 你发现举手的同学比你预想中的要多还是少？这说明了什么？
4. 为你而举手者中有没有以前交往很少的、曾闹过矛盾的，甚至是仍心存不满的人呢？可他们却高高举起手来表示说符合你的征友条件愿意与你做朋友，你今后将以什么样的态度和行动来对待他们呢？
5. 倾听他人征友启事时，你觉得自己平时的言行表现符合大多数同学对朋友的要求吗？
6. 你到底符合多少人的征友条件并为他举起了手？平时你是不是也可以鼓起勇气主动伸出手来找他做朋友呢？

 建议与说明

1. 此活动形式虽为静态的，但符合了中学生渴望交友的心理状况，

所以从过程和效果上来看，都还是比较不错的。

2. 活动过程中学生戴眼罩坐、听的时间有些过长，可能会让他们失去耐心，在纪律不好的班级有个别学生可能存在偷看、小声说话等现象。教师可特意强调要投入要认真，不要像个别同学临近下课时才后悔没珍惜这次难得的交友机会。

3. 也可以在较为漫长的"发布征友启事"环节，增加背景音乐《朋友》（臧天朔唱），由助教控制音量，在教师宣读启事时作为背景音乐播放，在学生握手时把音量调高。这样在一定程度上能够缓解学生长时间蒙眼静坐的疲劳，学生能够静下心来认真倾听他人的"征友启事"。课堂效果自然也就更好了。

4. 教师在发布学生的《征友启事》时宜：让学生将启事拿在左手中，便于符合条件者举起右手与当事人相握；让学生将被发布的启事放起来，防止启事被再次发布；悄悄离开启事主人几步再发布启事，以使其他人更不容易猜出是谁的；将部分学生的启事内容灵活删减改动；声音清晰洪亮，语速不要太快，便于学生听到后与自己的表现相对照。

5. 在班级人数较多（例如40人左右或更多）时，课堂时间有些紧张，可让启事的主人不必与每位举手者握手，而只是起立观察大约有多少人，是哪些人符合自己的征友条件。

6. 在唱《找朋友》并行动起来找朋友握手的环节，如果形成男女扎堆的情况，教师可叫停，强调并鼓励他们，大部分通常就能放开来和部分异性去握手。

7. 本活动的后半部分，先"找朋友"握手，在课堂交流分享后，全体围圈拉手合唱《朋友》，课堂动静穿插结合比较好。

例 073　生命一线

1. 珍惜生命，珍爱生活。
2. 敢于面对往事，敢于面对未来人生中的必然重要事件。
3. 能够为未来目标的实现积蓄力量。

助教 1 名，白纸 1 张/人，刻度尺 1 把/人，相关歌曲音乐。

无须分组。

1. 课初准备

（1）学生在各自座位上坐下来。

（2）教师讲述青年人抱怨自己穷的故事。故事大意为：

一位年轻人穷困潦倒，向智者请教。智者问："我拿一万元买你一根手指你卖不卖？"年轻人摇头；智者问："我拿十万元买你一只手臂你卖不卖？"年轻人还是摇头；智者问："我拿百万元买你四肢你卖不卖？"，年轻人仍然摇头；智者问："我拿千万元买你生命你卖不卖?"年轻人坚定地摇摇头。智者笑着说："你这不是已经拥有千万元的资产了吗?"

（3）请学生谈谈这个故事给自己带来的启发。

（4）教师：下面我们将开展一个"生命线"的活动来回顾和展望一下我们的人生历程，看我们到底失去了什么，拥有什么，又应如何去珍惜。

（5）学生准备好白纸、笔、刻度尺。

2. 生命纵览

（1）请在这张纸最上端中央工工整整地写上题目"×××的生命线"，后方注上年月日。

（助教开始播放背景音乐《神秘园的歌声》）

（2）请在这张纸的中央自左向右画一条直线，左端标记为零，右端标记为自己预估的符合现实的寿命。（参考：目前中国人的平均寿命为75岁）

（3）审视一下这条线，这就是代表你自出生到死亡全过程的一条生命线。

（4）在这条生命线的合适位置标出自己现在的年龄，看一看你已走过了人生的几分之几，剩余几分之几。

（5）标出自己的退休年龄，看从现在到不能正常工作为止这段时间有多长。

3. 回首往昔

（1）在过去这段生命线上，用向上或向下的箭头标出曾发生的你认为较重要的至少五个事件，箭头的上下方向表示此事件对你产生的积极和消极的影响，箭头线的长度表示此事件对你如今影响力的大小。

（2）课堂小调查

请大家闭上眼睛。你所标出的这些事件，几乎全在生命线上方的请举手，几乎全在生命线下方的请举手，没有能够找全五个事件的请举手。

（3）教师引导学生反思

（助教播放歌曲《再回首》）

你认为重要的这几个人生事件如果较多地被标注在你生命线的上方，这可能表明你过去的时光较为顺利、成功、快乐幸福，你的人生是如此美好，你应该感谢你的经历，它使你对未来充满了憧憬。

如果较多地被标注在你生命线的下方，可能表明你过去曾经历尽坎坷，饱受人生磨难，但不必悲伤，这些磨难更是你的一笔宝贵财富，度过了这些风风雨雨，你今后的人生将没有翻不过的山、蹚不过的河。

如果你能标出的事件寥寥无几，可能说明你过去的时光较为乏味平淡，也可能是你对进入大脑意识的几个重要事件较为抵触，可能它们曾使你伤心痛苦，你回避它们，不愿正视它们，但它们可能恰恰是你淤积在心底的一个个心结，你敢面对它们吗？你能以平淡的态度看待它们吗？你能不能真的放下这些呢？你还想继续带着这些憎恨、痛苦、忧伤来走你今后的人生之路吗？

过去已成历史，要辩证积极地看待它们，不要使之成为包袱，要为前进寻找动力，不要为后退拼凑借口。

4. 面向未来

（1）标注未来

在我们的生命线上有一些重大事件通常都会出现，例如升学、毕业、求职、就业、结婚、生育、子女长大成人成家、父母退休、父母离自己而去等，请在生命线的相应位置标出来。

（2）教师引导学生反思

（助教播放歌曲《山不转水转》）

这些事件都是人生中的一些自然事件，发生是难免的，但我们对待它们的态度是不是一样的呢……我们大多数同学的父母是健在的，是尚能正常工作的，我们安逸地躺在父母为我们铺就的安乐窝里，不愿也不敢去想令人痛苦的一刻到来时会怎么样，但那一刻是迟早都会到来的，回避躲藏不如正视规律早做准备，届时事件来临才能坦然面对，千万不要造成诸如"子欲养而亲不待"的人生最大遗憾。

5. 约邀目标

（1）请学生思索今后的几个人生目标。

（2）标注目标

我们通常不缺少目标和计划，但很少给它规定一个具体的完成时限。在此尽量把你的几个人生目标分别在生命线的某个年龄点上或某个年龄段中注明。

（3）教师引导学生反思

（助教播放歌曲《我的未来不是梦》或《我和未来有约》）

这些目标萦绕你多久了，在头脑中想象一下如果它们全部实现，届时将会是多么美好。要实现这些目标，你已经具备了哪些学识、能力、素质等条件？你还欠缺哪些条件？你还要做哪些努力？你会敷衍了事，还是全力以赴？

6. 回眸生命

（助教播放歌曲《爱自己》）

在头脑中回顾我们所画的生命线，过去的均已成为历史，阅历的积淀成为人生的宝贵财富；未来的蓝图已绘就，美好的人生前景在指引着我们努力向前；路就在脚下，认真把握生命中的每一天每一刻，我们虽不能延长生命的长度，但可以拓展生命的宽度，只要你有信念有追求，能保持积极健康的心态和行动，你就扼住了命运的咽喉，你就在事实上延长了自己的生命线。

每个人的生命线只有一条，它是最宝贵的、最值得珍惜的，过去的历史是由你自己探索实践的，未来的人生也必将是由你开拓创造的。每个人都在谱写自己的历史，也都在描绘自己的生命线。

你珍爱自己的生命吗？那也珍爱你自己吧，请抱紧自己的双肩，拥抱自己吧！

 **交流分享**

1. 你画的生命线有多长？你为自己的寿命做了怎样的预期？为什么？
2. 回首往昔时，你的过往事件大都被标在了生命线的上方还是下方？为什么？
3. 在面对未来的若干重大人生事件时，你有怎样的心情？
4. 近些年你想要实现的人生目标有哪些？怎样才能更好地实现它？
5. 本次描绘生命线的活动，你还有哪些收获和感受？

 建议与说明

1. 本活动中教师语言的情感基调非常重要，考验着教师的情绪感染能力和语言引导能力。同时，助教所播音乐的渲染作用也非常重要，考验着助教与教师配合的默契程度。
2. 要提醒学生注意，如果你将所有事件都标在了生命线之上，也并非就是一味值得恭贺的事情。
3. 如果有的学生对今后规划很多，生命线的右侧上方"风雨不透"，那也未必就是件好事。要善意提示学生，你是否要注意"生态平衡"，适当地"间间苗"，让计划"瘦身"一些？
4. 但如果有学生将计划制订得过于稀少和消极，要看他是不是在逃避做和其能力相匹配的事业。
5. 如果有可能，也可以请学生把本次描绘的生命线交上来，教师给予批阅点评，必要时可找学生单独辅导。
6. 最好要求学生将本次画的生命线好好保留，时常翻看，不失为自我激励的良好手段。

例 074　心海遇险

1. 认清自己内心追求的、需要的东西。
2. 珍惜目前所拥有的，善待它，利用它。

助教 1 名，白纸 2 张/人，相关歌曲音乐。

无须分组。

1. 造句投射练习

（1）老师板书句型并举例

板书：如果我是_____，我愿意做_____，因为_____。

例句 1：如果我是动物，我愿意做一只老虎，因为可以威震山林。

例句 2：如果我是植物，我愿意做一棵小草，因为可以默默无闻不被人关注。

要求 1：第一空是类别，第二空是具体事物，第三空是理由。

要求2：在纸上至少造句三个。

(2) 学生按要求进行造句练习；老师巡回监督指导。

(3) 学生与同桌前后位之间进行交流。

(4) 请部分同学读自己造的句子。

(5) 教师提示含义：这是一组投射练习，人在造句时通过假设，在一定程度上表达了自己的内心需要、精神追求、对现实的态度等。

(6) 学生思考或交流：研究自己造句中透露出的自己在意的东西。

2. 心海遇险

(1) 准备与过渡

每人再取一纸一笔，在标题处工整地写上"×××的生命五样"，根据刚才造句时投射出的内心需要，再挖掘自己内心的真实世界，将你认为生命中最宝贵的五样东西写在纸上。可以是有形的，如金钱，也可以是无形的，如友情；可以是你身边的人物，如父母、同学，也可以是动植物，如狗猫花草；可以是生理的，如健壮或漂亮，也可以是心理的，如某些态度性格等；但不可以是直接影响人生命的，如空气、食物、水等。

(2) 初步模拟情境

在一个风和日丽的早晨，你将你的"生命五样"打包为五个箱子，带着这五个箱子乘上了一艘小船，开始了自己的海上人生旅行。因为生命中最宝贵的五样东西在身边，你体验到生命和生活的快乐、幸福和满足。

(3) 进一步模拟情境

天气突变，风起云涌，波涛翻滚，小船不堪重负，随时都有倾覆的危险，你必须抛弃掉你小船上的一个箱子，才能保全你的性命，你被迫要将它扔进大海里，从此你再也无法拥有它。请在你的纸上将它完全划去，并回顾它存在时的美好，想象缺失它所带来的痛苦。

风浪越来越大,你的小船还是太重了,你必须再丢掉一个箱子……直到小船上只剩下一个箱子。

(4) 请部分同学谈一谈活动中的感受和想法。

(5) 老师揭示本堂课的意义。

 **交流分享**

1. 课初的投射造句练习中,你造了哪几个句子?反映了怎样的心声?
2. 心海旅行前,你准备了哪几件最宝贵的东西?为什么?
3. 在旅行遇险时,你又经历了怎样的内心斗争?
4. 通过本节课,你认识到哪些才是对自己最有价值的?
5. 本次课你还有哪些收获和感受?

 建议与说明

1. 活动前,老师最好事先声明此次活动的两张作业纸不上交,不强制汇报,可自由保密,并强调一定要以严肃认真的态度来完成这个游戏。

2. 如果是在普通教室内上课,最好让同学们的课桌像考场一样单人单桌排列,以防相互干扰,增加学生内心安全感,真诚地全心投入游戏活动中来。

3. 用给定句型造句,有些班级学生造句最多的投射的意义是"利他主义",这可能是传统教育教化的结果,并不是学生的真正本意,但教师不宜直接否定,可以提醒学生在进行下一阶段的情景模拟中来检验。

4. 心海遇险的模拟情境中教师引导的做法是先扔掉一样,再回顾其美好,这一顺序符合"得不到(失去)的才是美好的"的规律,有助于学生在活动中投入,在活动后珍惜所拥有的。如果你抹去的是"鲜花",

那么从此你的生活中将不存在春天和芬芳,你将永远辞别灼目的牡丹和美艳的玫瑰,连田野中的雏菊和蒲公英也看不到了。你没资格再进花园,连看一眼也不可能。你亲手将一瓣又一瓣花朵扯碎,看着它们沉入大海。在这个过程中,请你细细体会丧失之感所引发的痛楚。

5. 心海遇险的模拟情境中把某项东西扔掉的表现形式是,请你拿起笔,把五样之中的某一样抹去。注意,不是在那样东西旁边打上一个"×",而是还保留着它的基本形态,或者你还可以透过稀疏的遮挡看清它。丧失绝非这样仁慈。你要用黑墨水,将这样东西缓缓地,但是毫不留情地涂掉,或者用刀子将它剜掉。直到它在洁白的纸上成为一个墨斑或黑洞,再也无法辨识。

6. 只要学生状态是投入的,在放弃两三项之后,游戏有可能会遇到学生的顽强抵抗,有的会愤愤不平,有的想要退出游戏。教师一定要请学生坚持下去。并解释游戏的核心价值就在这里——你要学会放弃。的确,老师没有这个权力,但生活有这个权力。

7. 也许有学生会问,究竟剩下哪一样东西才是正确的呢?排列顺序有没有最终的正确答案?从某种意义上说,心灵游戏都是没有答案的游戏。你按照你的思维逻辑和价值观进行选择,做出了你的排列组合,只要不妨害他人,就没有对错之分,只有真实与虚伪、清晰与混乱、和谐与杂乱的区别。

8. 有些班级学生在交流活动感受时,虽然老师鼓励发言者最好说出先后扔掉的各是什么,但仍有许多学生不愿公开自己的实况。虽然这不利于引起大家的共鸣,但却表明学生在活动中是投入的,对自己的举动是在乎的,对心灵是有触动的。

9. 这一静态的游戏活动尤其适合年龄较大一些的学生群体参与。

例075 舞动学风

1. 体验并感悟自己与学习在感情上的相互影响关系。
2. 对各学科兴趣更浓，特别是培养对薄弱学科的兴趣和感情。
3. 把对学习的美好感情融入潜意识，化为更自觉的行为。

助教1名，DJ动感音乐，音乐《春天的早晨》《学习歌》。

无须事先分组。

1. 闻鸡起舞

（1）请全体学生分散开站在团体辅导室内。

（2）教师讲解规则：当DJ动感音乐响起时，要尽情地随着音乐舞动起来，可以单人跳舞，也可以与他人一起跳舞，但当音乐停止时，要立即停下来，并按教师下达的指令去做。

（3）助教播放DJ动感音乐，教师督促每一位学生舞动起来。

(4) 助教将音乐暂停时,教师大声下达一个指令,如"两人握手""大笑""原地起跳"等。

(5) 学生按照教师指令去做。

(6) 第一轮游戏完成后,DJ动感音乐继续响起,如此循环反复。

2. 我和学习的距离

(1) 教师导入话题:每人情况各异,对各科学习的兴趣和情绪也就各不相同,这会对我们的学习产生哪些影响呢?下面让我们来探究一下吧。

(2) 教师和助教组织学生围站成一个圆圈,面向圆心。

(3) 找一位同学做志愿者A,请他说出自己最喜欢和最不喜欢的学科。

(4) 请A邀请B、C两位同学出列,分别扮演最喜欢的B学科和最不喜欢的C学科。B和C保持一定间隔,分别站在A同学对面大约1米处。

(5) 教师请A对喜欢的学科(B同学)做出邀请、握手、拥抱等姿态,对不喜欢的学科(C同学)做出指责、讨厌、逃离等姿态,也可以通过调节远近距离来表示你跟学科的关系。

(6) 教师分别请两位学科的扮演者(B和C)根据A对自己的态度,做出动作或者调整身体的距离,对A做出回应。

(7) 请学生A和两位学科的扮演者B、C分别谈一谈感受。

(8) 全班同学分为若干个小组,每3人一组,分别扮演学生A和他最喜欢的学科B、最不喜欢的学科C,来通过表情、动作的互动,体验其中感情的相互影响。

(9) 学生交流分享此活动的感想。

3. 与学习共舞

(1) 全体学生站成一圈,依次1、2、3循环报数,每3个数为一组。

请每个小组的 1 号同学站进圈内，转身面对小组的 2、3 号同学，三人静静地拉起手。（助教播放背景音乐《春天的早晨》）

（2）教师引导：现在请每个人调整自己的呼吸，让自己静下来。请每个人把左右手拉着的伙伴分别当作你原本喜欢和不喜欢的学科，他们分别是哪个学科？请你先真诚地看着原来不喜欢的科目（如果看着对方让自己不舒服，也可以闭上眼睛，用心来感受），在心中默默地跟他说：我开始喜欢你了……我开始喜欢你了……我开始喜欢你了……然后静静地体会这种改变带给你的新感受，并享受这种感觉……

（3）教师继续引导：现在，请看着你一直喜欢的科目，在心中默默地对他说：我更加喜欢你了，我越来越喜欢你了。此时，你的感觉是怎样的？你的心是否开始随着这感觉轻轻起舞？

（4）教师继续引导（助教转换背景音乐为《学习歌》）：现在请大家用身体动作或者舞蹈动作表达出心中的感觉，随音乐翩翩起舞，和你的伙伴享受这个过程。你们的舞步会越来越和谐。

（5）教师继续引导：随着一天一天、一年一年的成长，我们将升入更高阶段的年级、学校学习，我们将接触更多学科的学习，还要掌握更多技能。请伸出双手，微笑着邀请更多的伙伴携手共舞。无须任何语言，只用目光真诚地告诉每一个人：在走向精彩、走向卓越、走向辉煌的人生路上，有你们陪伴，真的很好！

（6）请学生分享与学习共舞的感受。

4. 结束活动

（1）教师带领大家回顾本次辅导活动，总结在这期间的收获。

（2）全班同学手拉手围成一圈，在背景音乐下齐唱《学习歌》，并随之翩翩起舞。

建议与说明

1. 本次活动的设计，综合运用了萨提亚雕塑技术、系统排列技术、艺术疗法、催眠技术等多种心理治疗技术，让学生在游戏活动的体验中自行感悟对学习的兴趣和情感等问题。

2. 在"闻鸡起舞"的热身活动中，如果有舞台旋光灯配合的话，效果会更好。

3. 在"我与学习的距离"活动演示阶段，要提醒其他同学保持安静，认真观察并思考其中的奥妙。

4. 与学习共舞的集体舞阶段，教师和助教也要加入其中，与学生共享欢乐。

5. 为配合活动后续效果，请班主任在期中、期末等阶段，组织学习经验交流会，邀请学习成绩较好或学习成绩进步较大的同学讲述他们的学习"法宝"。或请各学科教师，特别是重点学科和学生普遍反映困难的学科教师，有意识地在自己的课堂中渗透学习方法指导。

例 076　理解父母

 **活动目标**

1. 理解父母苦心，感恩父母。
2. 愿意以实际行动回报父母。

 **活动准备**

助教 1 名，相关音乐歌曲，纸 1 张/组，笔 1 支/组。

 **学生分组**

将全班学生分为每组 8~10 人的小组若干。

 活动流程

1. 讨论导入

（1）学生在各组位置围着桌子坐下来。桌子上放置一张纸、一支笔。

（2）教师布置讨论任务。

①我心目中的好家长的特征。

②我对现实中的父母有哪些不满。

（3）学生分组讨论。

学生分组讨论，每组一人负责记录。

（4）每组汇报讨论结果。

2. 体验活动前奏

学生取舒服姿势坐好，闭上眼睛深呼吸，体会身心的放松和宁静。

3. 体会父爱

助教播放背景歌曲《父亲》。

教师催眠式引导：父亲的形象（体型、面庞、发型、笑容、眼神、动作、声音）正在由模糊到清晰地逐渐展现在你面前，过去几年里你与父亲间发生的一些或高兴或不快的画面正在一幅幅展现在你面前……父亲是家里的顶梁柱，他肩负着家庭重担，不知疲倦地辛苦奔波着。父爱如山，父亲对孩子的爱是隐藏的，甚至是粗暴的，他平时顾不上与我们多说几句话，却以实际行动支持着我们，影响着我们。也许父亲有些不顾家，可他不愿意早早回家享受家庭的温暖幸福吗？父亲为我们做了很多努力与牺牲，他这么做也是为了我们整个家庭。

4. 体会母爱

助教播放背景歌曲《烛光里的妈妈》。

教师催眠式引导：母亲的形象（体型、面庞、发型、笑容、眼神、动作、声音）正在由模糊到清晰地逐渐展现在你面前，过去几年里你与母亲间发生的一些或高兴或不快的画面正在一幅幅展现在你面前……母亲是家里的"内政大臣"，她不知疲倦地操持家务，默默无闻任劳任怨，可她也有她的工作和事业呀，她日日夜夜忙里忙外是为了什么呀？为了这个家，为了她的孩子呀！每当我们上床睡下了，她还要为我们检查作业、收拾物品、打点行囊；她牵挂在外的孩子，为了怕影响孩子学习和休息，不敢随便打电话……母爱如海，母亲对我们的关爱是那么细微和周到，可我们却视而不见甚至是厌烦顶撞，母亲默默地独自承受了太多的委屈呀。母亲为我们做了很多努力与牺牲，这些画面正在一幅幅展现在你面前……

5. 反思我们的所为

助教播放背景歌曲《再回首》。

教师催眠式引导：我又为父母做了些什么？父爱如山，母爱如海，他们是那么伟大，可我们又是如何对待他们的呢？我们用实际行动为他们做了些什么呢？

6. 理解伟大父母心

助教播放背景歌曲《好大一棵树》。

教师催眠式引导：这就是伟大的父亲和母亲，头顶一片天，脚踏一方土，就像好大一棵树，用它整个身躯庇护着我们。他们是那么的伟大，无怨无悔、执着专注、默默奉献，虽然被误解被顶撞，可他们从来没有在内心里恨过我们，一直在无怨无悔、执着专注地爱着他们的孩子。此时此刻，我们才忽然意识到父母的伟大，才彻底地理解了父母，虽然我们的父母不是最完美的，但他们却是最爱我们的、最支持我们的，他们就是我们的最好家长……

7. 感恩亲情、回报父母

助教播放背景歌曲《感恩的心》。

教师催眠式引导：有如此伟大的父母，怎能不让我们感动，怎能让我们不回报他们呢？作为学生的我们，在力所能及的范围内，应如何回报父母呢？

8. 学生交流内心感想

学生交流分享自己与父母的亲情故事，或表达对父母的理解、感恩之情。

9. 集体表达感恩

助教播放歌曲《感恩的心》。

教师在前台领做歌曲《感恩的心》的手语。

学生在教师的带领下伴随音乐用手语表达感恩。

10. 后续活动

（1）每人给父母写一封信，在信封上写好地址和落款并贴邮票后上交，由心理教师送班主任统一邮寄出去。

（2）放学回家后，主动跟父母交流沟通，并做一件实事来表达感恩。

 **交流分享**

1. 从课初的讨论结果来看，我们对父母理解多少？
2. 体会父爱或母爱时，你脑海中浮现出了哪些画面？
3. 对照反思自己所做所行时，你有了怎样的想法？
4. 现在，你对父母多了哪些理解？多了哪些情感呢？
5. 你计划怎样来表达对父母的理解和感恩呢？

 建议与说明

1. 讨论并汇报所好恶的家长特征，各队最终都能找出许多条，将这些整理后交班主任提供给家长参考会更好。

2. 这样的情感课堂上，通常情况下，许多学生受情境感动，会哽咽、流泪或哭泣，这是学生表达真实情感的方式。

3. 教师的情感调动非常重要，如果教师的声音富有感情甚至有些哽咽，能更好地渲染气氛。

4. 教师引导的语言如果能更贴近学生的实际，则更能冲击他们的敏感点，更易引起共鸣。

5. 整堂课大多数时间要求学生沉浸在闭目想象之中，对于投入度不是太高的同学来说有些漫长。

6. 教师最好亲自督促学生课后作业的完成情况，并组织学生交流分享完成这些作业的感受。必要时也可以交由班主任或心理科代表来做。

例077　魔鬼2022

1. 学会接纳自己，懂得珍惜现在所拥有的资源，感知幸福。
2. 了解自己的真实需要。
3. 懂得"命运掌握在自己手中"。

助教1名，设计"穷困潦倒"内容的纸牌若干（见附件），收放纸牌的盒子，相关音乐歌曲。

将全班学生分为每组8~10人的小组若干。

1. 问题导入

老师问学生：你对现在的自己满意吗？现在的自己包括：外貌、学习、生活、家庭、家长、性格、处境等等。

学生纷纷回答。

2. 我之不满

(1) 学生把不满意自己的地方写出来。

(2) 写完之后，小组内就各组员"对自己不满意的地方"进行交流。

(3) 各组派代表分享"不满意的地方"。

(4) 老师引导：我们每个人或多或少都有对自己不满意的地方，那么，大家是不是想换一种人生？如果今天我给大家换一种人生，大家又会是怎样的心情？

3. 魔鬼2022

(1) 将纸牌按小组人数分好，每组由组长负责让学生抽取自己新的"人生"，强调先不要看自己的"人生"。

(2) 请同学们用舒服的姿势坐好，不许发出任何声音，轻轻闭上眼睛。（助教播放催眠背景音乐）

(3) 教师催眠导入：请同学们慢慢地深呼吸几次，伴随音乐缓缓进入时光隧道，请大家注意听现在的音乐，把你的注意力放在背景音乐上面。再次慢慢地深呼吸，现在我们把时间定格在了2022年，可是2022魔鬼命运纸牌却拥有着非一般的魔力，它可以给你第二次人生。现在你手里面拿到的就是你的第二次新生，无论命运如何它都已经定格，魔幻的力量已经让你发生改变，你必须接受它。

(4) 每个人轻轻打开纸牌，记住纸牌上的命运，然后再次轻轻闭上眼睛。

(5) 教师继续引导：现在，在你的脑海中开始浮现出你的新的命运。想象在这种命运下你的生活会出现什么样的改变，会带给你哪些影响，再次去回忆一下你自己所写到的不满，两者比较一下，你愿意用纸牌上的新命运去替代原来的命运吗？为什么？

(6) 各组内交流分享。

(7) 教师再次引导：世界上不会有魔鬼，所以不可能有第二次选择的机会。我们目前的处境不会因今天抽到的纸牌而有任何改变，但只要你对待生活、对待人生、对待自我的态度改变了,你的心境随之改变了,你今后的处境也就会不同,你今后的命运也就会截然不同。生命只有一次,境遇不容选择,我们该怎样面对现在的处境?

(8) 教师带领大家一起学唱手语歌曲《我真的很不错》。

 交流分享

1. 你对自己的生活和处境曾有过哪些抱怨和不满?
2. 你抽到的纸牌上的新命运是什么?它会带来哪些影响?
3. 如果用纸牌上的命运换你当前的处境,你愿意交换吗?为什么?
4. 通过今天的活动,你对生活有了哪些新的发现和思考?
5. 你发现你的生活中什么才是更重要的?
6. 面对一时无法改变的境遇,什么才是最重要的?

 建议与说明

1. 若有同学对自己抽取的纸牌不满意要求更换,教师可准备更差的纸牌,让纸牌显示比原牌更糟糕的生活,询问是否愿意更换。

2. 对于纸牌的内容,附录中只是给出了一些参考。教师在使用时可根据学生的实际情况自己设计一些内容。之所以设计的内容都是不尽如人意的,主要是因为想让学生意识到,虽然我们每个人都无法选择我们的出身、我们的家庭,或许我们对目前的环境不一定很满意,但无论如何,我们都应该珍惜自己的境遇。

3. 由于这个游戏的内容有可能真的触及学生的敏感点,如家庭离异、身体外貌略有欠缺,所以教师在课前应该先跟这些同学沟通,取得学生的同意。

4. 对于闭目引导环节,教师要注重对引导语和引导过程的把握。引

导之前让学生进入状态很重要，引导过程要缓慢，语气柔和、低沉。唤醒时要轻快明亮，真的让学生以一种饱满的情绪苏醒过来。

5. 进行最后一次催眠引导时，要引导学生从抽取的2022命运中走出来，摆脱不良暗示影响，并针对愿意与不愿意交换的两种情况，思考什么才是自己最需要、最重要的，如果已拥有它，要珍惜爱护它，如果暂时没拥有它，要追求它。

6. 课堂中会有个别学生愿意用纸牌命运来交换，老师要尊重他们的选择，并了解其原因，必要时在课下对这些学生开展个别辅导，因为通常他们的命运是多挫折的，他们在生活中承受了巨大的压力。

7. 课末要提醒大家，接纳并不是纵容自己的缺点，不是安于现状，而是接纳一个真实完整的自己，从而在此基础上完善自己，追逐梦想。

▷ 附件：纸牌内容参考

（1）自己不幸患了癌症，家里没有钱治疗。

（2）因家中意外发生火灾，脸部被大火烧伤，留下了一个很难看的伤疤。

（3）家中父母离异，经济困难，读书条件很差。

（4）出生在西部一个贫困山区里，父母无力供养自己读书。

（5）自己的父母不幸患有重病，治疗花费了很多钱，家庭经济紧张。

（6）父母下岗，家庭经济困难，不能支付目前的学习费用。

（7）与周围的同学人际关系很紧张，很不受大家的欢迎。

（8）自己患有小儿麻痹症，生活很不方便。

（9）自己小时候因中耳炎治疗不好而变聋。

（10）自己一家三口挤在一个10多平方米的老房子里，食宿条件比较艰苦。

(11) 自己的一只眼睛因意外事故而失明。

(12) 自己的一条腿因在一次车祸中受伤严重被截肢。

(13) 自己在一个条件很差的农村中学里读书。

(14) 自己相貌难看,在班级里经常会被嘲笑,学习等各方面都不好。

(15) 人缘很差,不受老师和同学欢迎。

(16) 自己的体型偏胖,在班级里经常被同学嘲笑,让自己很难过。

(17) 以前家里很富有,现在却因意外事故而陷入经济拮据状态。

(18) 出生在一个小山村里,家庭拮据,吃水都要到很远的地方去挑。

(19) 自己目前的学习成绩很差,经常被一些同学看不起。

(20) 自己患有口吃,常被同学模仿而引起大家的嘲笑。

(21) 因自己太胖,大家经常以此开玩笑,并且给自己起不太好听的绰号。

(22) 自己身高低于同龄人平均身高 20 厘米。

(23) 自己学习成绩排名在班级最后,努力用功后效果仍然不明显。

(24) 自己除了学习外,其他业余爱好基本没有,导致各方面能力都不行,被嘲笑"书呆子"。

(25) 自己的爸爸天天以酒为伴,无所事事,经常和妈妈吵架,甚至打架。

(26) 自己患有先天性心脏病,很容易疲劳,没有力气。

(27) 自己是个塌鼻子,影响了容貌。

(28) 自己的鼻子是塌陷鼻,先天发育不好,说话说不清楚。

(29) 自己出生在一个贫困山区的农民家庭里。

(30) 自己的家人去东南亚旅游时因海啸而不幸遇难。

(31) 走路时因不小心被车撞,头部严重受伤导致失忆。

(32) 自己的父母对自己要求很苛刻，很专制，使自己很不自由。

(33) 家庭经济条件好，但父母对自己缺乏关爱，不喜欢自己。

(34) 自己经常受到别人的欺负，很忧郁。

(35) 自己的妈妈有间歇性神经质，犯病时失忆，并且对家人大打出手。

(36) 自己的爸爸曾因打架不小心杀了人，被判死缓。

(37) 自己的妈妈因车祸失忆，不记得所有家人。

(39) 脚腕在练体育时不幸摔骨折，导致永远无法继续自己喜欢的体育项目。

(40) 自己患有有先天性心脏病，导致无法剧烈运动，情绪不能有很大起伏。

例 078　走出圈外

1. 成员能够自我开放，敞开心扉。
2. 了解他人，关心他人，接纳他人。

纸 1 张/人、笔 1 支/人。

将全班学生分为每组 8~10 人的小组若干。

1. 教师引言：许多人常常不自觉地戴着一副面具，将自己的真实面目封闭起来，将许多真正的感受隐藏起来，不让人了解。时间久了，不光别人很难更多地了解自己，有时连自己也对真实的自己陌生起来。表面上似乎将自己保护得挺好，然而内心苦恼却不少。今天，我们来学习坦诚地开放自己，并对同学的坦诚做出积极正向的回馈。

2. 发给每位学员一张纸与一支笔。

3. 在教师板书示范后，每位学员在纸上画 4 个大小不一的同心圆。

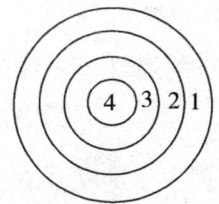

4. 在最外圈写上让自己感到愉快、开心,但是很少对别人说的一件事。

5. 在次一圈写上让自己感到不开心、不舒服,但很少告诉别人的一件事。

6. 在再次一圈写上自己希望做到的一件事。

7. 在最内圈写上自己对自己的看法。

8. 全体学员分组各自坐成一圈,每人轮流把自己所写的内容展示出来,并适当加以说明或解释。

9. 其他组员对于展示者的每一圈内容,给予回馈,尽量给予认同及富有建设性的意见。

 交流分享

1. 当自己说出圈子里的内容后,有何感受?
2. 听了别人所给予的回馈,你有何感想?
3. 向亲密的同学朋友开放自己的内心,你收获了哪些?
4. 通过这个活动,今后与同学交流互动时,你将会怎么做?

 建议与说明

1. 教师也可以事先把这个四层圆圈印刷在纸上,上课时直接发给学生,这样既美观又方便。

2. 学生在纸上写的字是有限的,要提醒学生简要地写出大意即可,在小组交流时，要口头把它解释清楚。

3. 四个同心圈中要求写下的题目，有喜有悲，但都要求是内心真实的感受。

4. 在小组交流分享时个别人可能存在害羞或掩藏个人内心的情况，教师要帮助小组形成更好的温暖、包容、理解、接纳的小组氛围，鼓励这些学生勇于开放自己，并请他们体验开放前后内心的不同感受。

5. 各组交流完毕后，可以在全班请部分同学主动来公开自己的四圈内容，也可以指定个别需要的同学公开，教师要给予欣赏性评价，同时倡导大家多给予鼓励。

例 079　红黑对决

1. 让学生在团队中充分学会换位思考。
2. 在集体中营造一个双赢、多赢的氛围。

助教 1 名，计分表 1 张/组，笔 1 支/组，白板及白板笔，红色和黑色扑克牌各 2 张，彼此隔开的两个相邻且独立的房间。

将全班学生分为人数基本均等的两组。

1. 学生分组

将学生平均分成两组，分别命名为 A、B 组，选出各组组长。

2. 老师导入游戏

这几张普通的扑克牌就是我们今天游戏的道具，我们各组要以此为道具展开竞赛，游戏的目的是赢，赢的方法是得分，累积最大的正分。

3. 宣布游戏规则

(1) 全体学员分两组来玩这个游戏,两组在独立的房间进行,两组成员之间相互不能沟通。

(2) 每轮由组长组织投票,统计出多少红牌、多少黑牌。

(3) 各组每轮的结果以少数服从多数的原则来定。

(4) 有小组成员弃权或投票不统一的情况视为投票结果无效,需要重新讨论决定,投票的有效性由老师或助教进行确认。

(5) 得分规则如下:如果双方都出黑牌,各得+3分;如果有一方为红牌,另一方为黑牌,则出黑牌方得-5分,出红牌方得+5分;如果双方都出红牌,各得-3分。游戏要进行5轮,其中第二轮得分乘以2,第四轮得分乘以3。

(6) 必须在本轮投票结果被接纳后方可获知对方本轮投票结果。

(7) 游戏目的是为了赢,方法是累积最大的正分。(重复三遍)

轮次	A组	B组	计分说明
1			1. 如果两组都出黑牌,都得+3分。
2(×2)			
3			2. 如果一个组出红牌,一个组出黑牌,则出红牌的得+5分,出黑牌的得-5分。
4(×3)			
5			
合计			3. 如果两组都出红牌,都得-3分。
结果			

4. 红黑对决

全体学生分两组进行红黑扑克牌对决,教师和助教各负责一个组的联络和裁判。

每轮对决结果揭晓后,在白板记分表中记下得分情况。

5. 讨论反思

游戏结束后，大家全部回到大教室，对照记分表交流讨论。

 **交流分享**

1. 你是否还记得游戏规则中老师所说的游戏的目的和赢的方法？
2. 在团队中，你充分行使自己的权利了吗？
3. 在游戏中你与队友有不同意见时，你坚持自己的意见了吗？
4. 在刚才的游戏中，你表现如何？平时你在生活中表现如何？
5. 在人生中，我们怎样才能共同营造一个双赢的世界？

 建议与说明

1. 游戏之初，询问学生中有没有人曾经玩过这个游戏，如果有，建议他当观众或课堂助手，不要影响其他同学完成这个游戏。

2. 每一轮可以告诉其中任何一方对手的结果，但一定要在这一轮结果出来以后，而不能在他们结果没有出来之前。

3. 第7条规则"游戏的目的是为了赢，方法是累积最大的正分"，教师用强调的语气大声说三遍，但学生通常还是会忽略它，只有在讨论游戏意义时学生才恍然大悟。

4. 一般说来，游戏中总会有一些人提议出黑牌，但通常只占少数，在表决中不会占优势；即使偶尔能说服全组，但极少出现对方同时也出黑牌的情况，所以当轮结果出来后，他们通常会受到其他成员的批判。

5. 其实，教师可以放纵甚至是怂恿学生进行激烈讨论与争辩，游戏中越有不同声音，在交流讨论阶段越是能够使全体学生有更多的感悟。

例 080 查漏找缺

 **活动目标**

1. 学会有效沟通的 8 条要诀。
2. 学会在做活动的时候真正实践这些技巧，并在日常生活中使用。

 **活动准备**

助教 1 位/组；印刷《有效沟通的 8 条要诀》；眼罩 1 个/人；不同颜色和形状的图板 1 套/组（每套图板均分为 4 种颜色 4 种形状，每色每形图板的数量相同）。

 **学生分组**

将全班学生分为每组 12～15 人的小组若干。

 活动流程

1. 学习沟通知识

（1）每人一份材料《有效沟通的 8 条要诀》，自读学习。

（2）各组内相互交流分享。

（3）请每组出一位同学分享一下本组或个人对这几条要诀的理解。

（4）教师指出，下面一个活动就要检验大家对这些沟通要诀的真正理解和实际掌握。

2. 体验游戏——查漏找缺

（1）教师向大家讲解活动任务

每组原本有一套完整的有色图板，老师会在发给大家之前拿走两块，然后将剩下的色板分发到组内每一个同学手中。请每组所有同学通过沟通，确定被老师抽走的这两块图板的颜色和形状。

（2）教师向大家讲解规则

①要求各组在30分钟内完成任务。

②整个活动过程中，所有同学戴眼罩，看不到任何东西，不可以利用眼罩作弊，但可以说话。

③活动中，不可以接触其他人的身体，不可以碰触其他人手中的色板。

④老师和助教只回答学生的一个问题：请问这是什么颜色？

（3）每组围坐成一圈，都戴好眼罩。

（4）助教把各组的整套图板，各抽出两块后，均匀分到各组每位学生手中，同时告诉他每块图板的颜色。

（5）各组根据游戏任务进行探索和沟通。助教每人负责一个小组，随时回答学生的限定问题，并监督学生不要作弊。

（6）完成任务的团队，向助教或教师汇报所缺图形的形状和颜色，然后摘掉眼罩。

（7）教师检查各队的答案是否正确；助教将图板和眼罩收起来。

（8）各组对照《有效沟通的8条要诀》交流讨论游戏情况。

 交流分享

1. 在看不到的情况下进行语言沟通，与正常情况下有什么不同？
2. 沟通时是否存在乱糟糟听不清话的情况？你们是如何解决的？

3. 小组是如何确定所缺图板的颜色和形状的?

4. 《有效沟通的8条要诀》中，哪些要诀执行得较好，哪些做得还不够?

5. 在日常的沟通中，我们的行为有哪些需要发扬，哪些需要改正呢?

 建议与说明

1. 每套图板的4种形状可以为：三角形，长方形，"T"形，"山"形；每套图板的4种颜色可以为：黑色、白色、红色、绿色。

2. 每套完整图板的数量肯定是16的倍数。其数量决定着游戏的难度，通常以32块图板为宜，每位同学手中有2~3块。

3. 这个活动一定要同学们严格遵守规则，不可以作弊，否则活动的意义将大打折扣。为严防学生在眼罩上作弊，可向学生解释说，如果睁着眼睛做这个游戏，所有人都可以很快完成，所以我们要严守规则，不能违规。

4. 游戏规则只讲三遍，小组坐好后讲两遍，戴好眼罩后讲第三遍。讲完前两遍后，可以允许学生提问，老师在不泄密的前提下给予解答。

5. 此活动需要每组一位助教，如果助教不够，可找负责任的班干部担任，助教在游戏中的任务除了告知颜色外，就是要做好监督工作，并在小组有了结论时告知是否正确。

6. 发给学生每人一份的《有效沟通的8条要诀》，在游戏前发下去并进行学习、领会和讨论，完毕后收上来。游戏结束后再次发到每人手中，进行反思、讨论和发言。

> **附件：有效沟通的 8 条要诀**

1. 有效双向沟通的先决条件是和谐气氛。
2. 沟通的意义决定于对方的回应。
3. 不要假设对方的心思，需要求证确认。
4. 沟通的方式要灵活多变，不能一成不变。
5. 共同信念与共同价值是达到沟通效果的保证。
6. 凡事都有多个解决方法，困难总是可以克服的。
7. 应给别人一些空间。
8. 直接对话，坦而言之。

例081 孤岛求生

1. 学会进行时间和事件管理，学会事情要分清轻重缓急。
2. 体会班干部等中间联络人的感受，促进班干部与学生，班主任与学生的关系和谐。
3. 学会主动求助，重视基层学生的表达。
4. 突破思维定式，学会创新。

助教1名，纸笔若干，三个岛屿的任务说明书（见附件），软球1个，塑料筐1个，长方形框架（1米×2米），眼罩若干，长绳子3根，胶带1卷。

将全班学生平均分为三组。

1. 场景布置

（1）教师用胶带和绳子圈起三个圆形代表岛屿，三个岛屿呈一条直线，中间的为哑人岛，另外两个分别是盲人岛和珍珠岛。

（2）请三位组长在写有"盲人""哑巴""健全"三个词的封闭纸团中任意抓取一个。

（3）请三个小组分别进入与抓取的纸团相对应的一个岛屿内。

2. 教师讲解活动要求

（1）盲人岛上的学员戴上眼罩，将会看不到任何东西；哑人岛上的学员不许讲话；只有珍珠岛上的学员是健全人。

（3）要想让人平安地从一个岛屿到达另一个岛屿上，只能乘坐小船（由长2米宽1米的长方形框架代表）在海洋中前进。

（4）游戏开始后，每个组将会领到一份任务书。其中有各自的任务和活动规则，必须严格按照规则来完成任务。

（5）20分钟后如果不能完成全班所有的任务，海水将淹没所有的岛屿。

3. 游戏开始

（1）请盲人岛上的每一位学员戴好眼罩，要求哑人岛上的学员不能再讲话。

（2）将三份任务书分别给三个岛屿上的任意一位学员。

（3）教师宣布游戏开始，并开始计时。

（4）助教根据任务说明书悄悄地给珍珠岛上的学员发放一些演算用的纸笔等用品。

（5）助教根据任务说明书悄悄地在哑人岛的外缘放置两根杆子。

（6）助教根据任务说明书悄悄地把塑料筐置于盲人岛外大约 2 米处，将一个小球放到一个"盲人"手里。

4. 游戏体验

学员按各自小组任务开始活动。

教师和助教巡视督导。如有人或物品落入岛屿外，则将之放置于盲人岛上；阻止学员做出任何不符合任务书的举动。

全班学员成功完成任务，或虽未完成任务，但时间已满 20 分钟，结束游戏。

公开各岛屿的任务书，请大家交流研讨。

5. 第二轮游戏体验

讨论完毕后，学生继续进行第二轮的孤岛求生，采用大家讨论后的最简洁、快速的方式。

6. 学生交流分享，教师总结反馈

 交流分享

1. 珍珠岛上的学员，在游戏开始后做了些什么？有什么感想？

2. 哑人岛上的学员，在游戏开始后做了些什么？有什么感想？

3. 盲人岛上的学员，在游戏开始后做了些什么？有什么感想？

4. 游戏中全体成员最重要的共同任务，与各小组其他任务相比，分别代表了什么？

5. 如何看待三个岛屿成员的角色，各自应该有怎样的心态和行动？

建议与说明

1. 事先询问是否有学员曾经玩过这个游戏，或者知晓这个游戏的奥秘。如有，请他退出游戏，做教师的助手，或做游戏观察员。

2. 这个活动的规则以及三份任务书中的要求较多，需要教师和助教提前熟悉活动的各项规则和要求，严格按照活动规则及时制止学生的违规行为。

3. 需要严格控制纪律，比如"盲人"一定要戴好眼罩，"哑人"不准讲任何话。

4. 游戏中，盲人岛上的人因为什么都看不见，更不知道任务书中的内容，所以会出现坐在岛上聊天的现象，这是允许的。

5. 本游戏更适合于年龄较大的学生及成年人。在低年级，学生容易将关注点放在解答题目或者如何更快地完成任务上，教师有时较难将游戏内涵联系和扩展到现实生活中。

6. 鉴于这次活动的意义比较深，有时学生可能有些不知所措，为了使主题更加明确，也可将开始的珍珠岛、哑人岛、盲人岛分别赋予不同的角色，比如将珍珠岛定位为班主任，哑人岛为班干部，盲人岛为普通学生，给学生一个具体的角色，这样在思考活动意义的时候，可以联系实际，从而将主题定位为密切班主任、班委和同学的关系，促进班级和谐发展。

7. 通常说来，第一次游戏体验中，珍珠岛上的学员会将精力全部放在自己任务中的计算题和讨论题上，哑人岛上的学员则干着急不知所措，而盲人岛上的学员则一片茫然无所事事。

8. 本游戏任务的正常完成方式为：珍珠岛上的学员指挥哑人岛上的学员驾驶小船，引珍珠岛上的部分学员经由哑人岛来到盲人岛上。将三份任务书研究明白后，珍珠岛上的学员帮助盲人把小球投入塑料筐后，珍珠岛上的学员做好组织和指挥，哑人岛上的学员驾船把盲人岛上的全体学员分批转移到珍珠岛上。

9. 此游戏任务的创新型完成方式为：一位珍珠岛上的学员故意落入海洋中，直接被冲到盲人岛上，帮助盲人岛上的学员完全投球任务；同时，一位哑人岛上的学员驾船来到盲人岛，协助"盲人"乘船直接转移到珍珠岛上。

 附件：三个小组的任务说明书

[珍珠岛民的任务说明书]

背景：岛屿四周都是海洋，20分钟后如果不能完成全班所有的任务，海水将淹没所有的岛屿。

任务：

1. 计算题

(1) 5个人5秒钟捡5个苹果，几个人1分钟捡60个苹果？

(2) $a+b+c+d+e=15$，$a×b×c×d×e=120$，问 $a=?$ $b=?$ $c=?$ $d=?$ $e=?$

(3) $abcde×4=5dcaa$，$a≠b≠c≠d≠e$，$a=?$、$b=?$、$c=?$、$d=?$、$e=?$

2. 把全班所有人集中到珍珠岛上。

3. 讨论题：野外极端生存条件下，一群盲人与一群哑人相比，谁的生存可能性更大？为什么？

规则：

1. 不可以触碰小船；

2. 岛的周围是激流，任何人或物品一旦落水都将被冲向盲人岛。

[哑人岛民的任务说明书]

背景：岛屿四周都是海洋，20分钟后如果不能完成全班所有的任务，海水将淹没所有的岛屿。

任务：帮助盲人移动到珍珠岛上。

规则：

1. 不得说话；

2. 必须等盲人岛的人完成第一个任务后才能协助"盲人"移动；

3. 只有"哑人"才能开动小船；

4. 岛的周围是激流，任何人或物品一旦落水都将被冲向盲人岛。

[盲人岛民的任务说明书]

背景：岛屿四周都是海洋，20分钟后如果不能完成全班所有的任务，海水将淹没所有的岛屿。

任务：

1. 在珍珠岛学员的亲自帮助下将球投入岛屿边的一个塑料桶中；

2. 盲人岛屿的所有人集中到珍珠岛。

规则：

1. 戴好眼罩，确保眼睛不能看到任何东西；

2. 第一个任务完成后才能离开盲人岛；

3. 岛的周围是激流，任何人或物品一旦落水都将被冲回盲人岛。

第四辑

学校心理拓展活动方案例举

这些活动方案在实施中通常分组开展，场地多选在专门的活动训练室或拓展训练基地，需要助教协助，多媒体应用也较多。

本辑中，学校心理拓展活动方案分两部分：一是班级心理拓展活动方案，以行政班为活动对象，活动时间1~2课时，方案撰写较为详细；二是校内外心理拓展活动方案，活动对象较为丰富，活动时间从半天到几天不等，因篇幅有限，提供的案例重在活动设计流程框架，详情简述。

第七单元
班级心理拓展活动方案例举

例082 有你有我

课堂目标

1. 理解父母等长辈为我们的付出。
2. 学会感恩，能够以认真学习等负责任的实际行动来回报他们。

课程设计

学生对家长的理解与感恩，多在感性层面，缺乏深刻的体验与感受；对自己肩头所承载的重担、应付诸的行动，缺乏理性的判断与思考，容易错误地以为终日想念家长或干脆辍学打工就是对他们最好的回报。本课程设计以小游戏"拍7令"为蓝本，压缩改编为"数字忌讳"，每位组长都要承担组员的俯卧撑，在背景音乐的配合与冲击下，使学生联系、联想到父母等长辈为自己所做的辛苦付出和牺牲。充分表达与宣泄后，话锋转向如何回报这份恩情，运用换位思考的交流方式，学生认识到自己肩头的学习重任。最后通过歌曲《有你有我》，强化学生与家长的共同意识，并升华到更大空间。

课程时长

1课时。

课堂准备

1. 歌曲《在你面前我好想流泪》《内疚》《有你有我》。
2. 制作多媒体课件。

学生分组

把全班学生平均分为三个小组,每组选举一位组长。

课堂流程

一、导入

(背景音乐《有你有我》)

各组课前民主选举了一位组长,请问大家支持组长吗?请问组长愿意为本组服务并承担责任吗?

组长在教师带领下宣誓承诺:"我承诺,不管遇到什么情况,我都愿为本组承担全部责任,君子一言,驷马难追!"

二、体验游戏:数字忌讳

1. 规则

(1) 每个小组围站成一圈,从某人开始顺序报数,逢7的倍数和末位是7的数不能报数要喊"过",同时拍掌,出现错报、漏报、抢报、不清晰、停顿现象均为失误。

(2) 如果出现失误,须立即报告裁判,然后继续往下报。

(3) 从1按规则报到30,看哪个小组失误次数最少、用时最短。

(4) 组长不参与比赛,比赛时要到其他小组做裁判,查看他们失误了多少次。

2. 各组练习:2分钟。

3. 比赛：各组同时比赛，每组接受其他小组组长的监督。

4. 比赛结果处理：各组比赛中失误几次，相应小组的组长就需要向其他小组高呼"愿赌服输，恭喜你们！"，并弯腰鞠躬几秒以上，然后做数十个俯卧撑。

5. 第二轮练习和比赛，要求从1报到50，其他规则不变。

三、联想思考

（俯卧撑做完后）请学生坐下来，闭上眼睛，播放背景歌曲《在你面前我好想流泪》，老师用富有激情的语言引导大家联想思考：

组长参与报数了吗？他们没有任何过错却要为我们全组承担责任，这是为什么呀？请回想他们俯卧在地上艰难苦撑的样子，他们到底做错了什么，却要代替每一位组员接受惩罚？看一看这几位组长，他们令我们想起了谁呢？他们不就好像是我们的父母吗？在你出生时，他们为了兑现"要让你活得更好"这句诺言，为了我们更好地发展，为了我们早日成才，承受了多少压力、担负了多少责任？可正处在青春叛逆期的我们哪里知道，因为我们的不懂事、逆反、不理解、不负责任，而使他们承受了多少本不该他们承担的"俯卧撑"啊？可我们平时又是怎样理解、对待我们父母的呢？

（引导完毕后将背景音乐高潮部分音量放大播放）

四、分享感悟

1. 在前台放两把椅子，假如父母就在那里坐着，你想对他们说些什么呢？请部分学生发言。

2. 请学生闭目聆听歌曲《内疚》片断，指出愧疚不是我们想要的结果，我们要理解、感恩、回报。作为高中生，我们怎么做才是对父母最好的感恩、支持和回报呢？请每个人用心思考答案，依次说出来。

3. 请三位组长坐在前台，代表"家长"说一说对孩子的期望与要求。

五、结束

1. 请大家起身为组长轻轻地捏肩揉臂，以示理解、支持与感恩。

2. 引领大家拓展：背后为我们默默做着"俯卧撑"的，不仅仅有我们的父母等亲人，我们的老师、班干部、同学、朋友不也在为我们的进步和成长默默地付出吗？

3. 每人双手交叠在胸前，闭目聆听歌曲《有你有我》的高潮部分。然后睁眼，双臂张开呈拥抱状，在老师带领下齐诵歌词："有你有我，这世界不会再有寂寞，有你的心和我一起跳动，生活会变得更加幸福；有你有我，这世界不会再有痛苦，有你的爱和我一起同在，明天的未来属于你我。"

4. 在《有你有我》背景歌曲中下课。

 建议与说明

1. 各组在进行游戏练习时，教师要召集组长到自己跟前，指导组长如何做好游戏的裁判工作。

2. 关于各组游戏失误的次数与组长所做俯卧撑数量的倍数关系，教师可以根据现场情况灵活调整，总体原则是保证每位组长都要有一定数量的俯卧撑，尽量达到组长体能的极限，以便在组长坚持做俯卧撑时营造艰难、痛苦的场面。

3. 本课程中，歌曲的配合特别重要。特定情境下，这些歌曲能够对学生的心灵产生巨大的冲击，通常会有许多学生情至深处热泪盈眶啜泣不止，这种情绪的表达既是情绪的宣泄与释放，也有利于感染其他同学进入相应的情绪状态中，加深对课程主题意义的感悟与理解。

4. 本课程，教师的语言、语音、语调等也特别重要，要求能够煽情，把学生在当时情境下潜藏的相应情绪激发出来。

例083 排除干扰 加油学习

课堂目标

1. 厘清上学读书期间的目标项和干扰项。
2. 分清学习生活中大事小情的轻重缓急。
3. 找出并增强自己的学习动力。
4. 营造全班同学共同主动努力学习的氛围。

课程设计

学生大都明白学习的重要性,但许多人难以做到持之以恒地主动学习,常是由以下原因造成的:容易被外界所干扰;分不清学习中的轻重缓急;学习动力不足,不明确;没有形成更好的班级主动学习氛围。其中中间两项的原因,许多学生不能说不明白,但因长期忽视已成为习惯,容易产生麻木无视现象,故需要通过重新理清这些因素在意识层面将之唤醒,即可以使同学们在日常学习生活中有意识地排除干扰,加油学习。

课程时长

1课时。

 **课堂准备**

歌曲《放飞梦想》，透明水杯，大小石子和沙子，绘制了"学习动力飞艇"的作业纸（内容见附件）。

 **学生分组**

无需分组。

 课堂流程

一、热身活动：抓逃手指

学生围成一个圆圈，每人平伸右手掌，竖起左食指，并把食指自然地抵在左边同学的右手掌心中。在音乐突然停止时，每人争取抽出左手，同时用右手抓住他人的左食指。游戏进行四五轮。

由游戏中抓与逃的主动性，引出学习的主动性，并指出学习的三种状态：主动、被动、不动。

二、故事引导

故事：有三只猎狗追一只土拨鼠，土拨鼠钻进了一个树洞。这只树洞只有一个出口，可不一会儿，从树洞里钻出一只兔子。兔子飞快地向前跑，并爬上一棵大树。兔子在树上，仓皇中没站稳，掉了下来，砸晕了正仰头看的三只猎狗，最后，兔子终于逃脱了。

师问生答：这个故事有什么问题？

提示：你是否注意到土拨鼠不见了？那才是三只猎狗追逐的目标！

请同学们思考自己上学读书的目标有哪些？又常遇见哪些干扰项？

三、水杯实验

教师向透明水杯中依次装入大石块、小石子、细沙子和水，每装入一种都要询问同学们满了吗?

师问生答:这个实验揭示了什么道理?

提醒:如果不先向水杯中装入大些的石块,而是提前向杯中装入细沙子或水,那么大石块将再也无法放进去。这有什么寓意呢?

学生在作业纸上填写大石块、小石子、细沙子和水分别象征着自己学习生活中的哪些事情。

交流分享。

四、学习动力飞艇

每位学生在"学习动力飞艇"作业纸上的吊篮中写上自己的名字,在大大的气囊上写出自己的若干个学习动力。

五、共营学习氛围

所有人依次观看其他同学的"学习动力飞艇"作业纸,符合下列条件之一的就在其纸上签字表示支持:有与之相同或相似的学习动力;愿意为他的学习提供支持和帮助。

六、结束活动

教师总结本课内容。在《放飞梦想》歌曲声中,同学们总结自己的收获。

建议与说明

1. 土拨鼠的故事讲完后,老师问学生发现了什么问题,学生的回答通常会是:兔子不会爬树呀,一只兔子怎么能够砸晕三只猎狗呢等等。这时需要教师提示引导。

2. 讲完土拨鼠的故事之后,老师请学生反思并交流学习中受干扰的现象,也可以提供一些调查数据,例如某份调查研究表明,有34.7%的高中生反映学习中容易受到外界干扰,借此提出有关干扰的问题。

3. 观摩水杯实验并听教师提出问题后,学生很自然地就会把实验用的大石块、小石子、细沙子和水,分别想象为自己学习生活中重大事情、重要事情、次要事情、琐碎事情。

4. "共营学习氛围"环节,要提前设计好学生观看其他所有同学"学习动力飞艇"的路线,依次有序进行。此环节中,绝大部分同学都会在其他每一位同学的纸上签字表达支持。建议课后将这些作业纸张贴在教室墙上展览一段时间。

附件:作业纸设计

我的学习动力飞艇

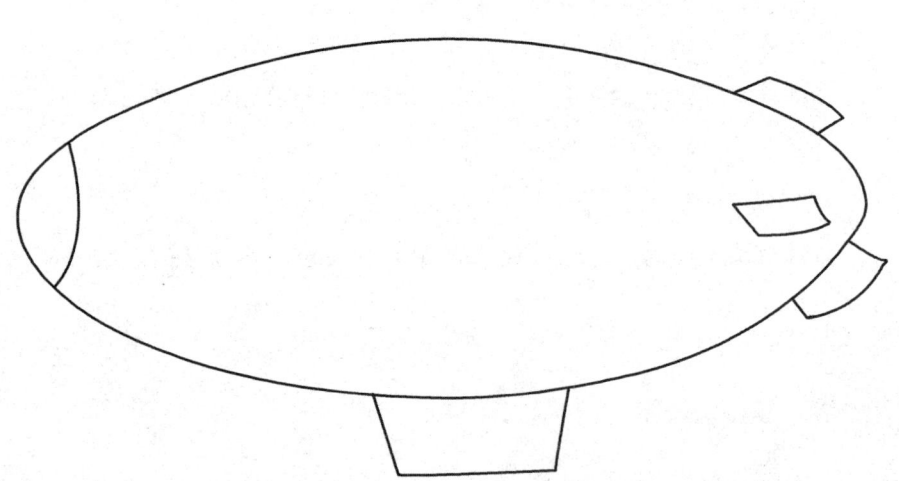

目标项、重要项──→干扰项、次要项			
大石块	小石子	细沙子	水

例 084　班级团结一家人

课堂目标

1. 引导同学们以班级为家，增强集体凝聚力。
2. 拉近同学之间的身心距离。

课程设计

班级应该是一个温暖、向上的集体，是所有同学的归属和依靠，需要每位同学爱护和珍惜。本课程设计将几个非常简单的小活动串联了起来，活动形式活泼，学生参与热情很高。各活动间层层递进，分别从不同方面诠释了团结、集体的含义，使学生在轻松快乐的氛围中体验到集体的温暖、同学的缘分和班级的力量。

课程时长

60 分钟。

课堂准备

背景音乐《相亲相爱一家人》，可在整个课堂中持续播放。

 **学生分组**

无需分组。

 **课堂流程**

一、热身游戏——巨龙摆尾

1. 教师说明规则：两人进行猜拳，输者要站到赢者的后面，并将双手搭在赢者双肩上，两人就组合成不可分割的一个小团体，由排头再找其他人或其他团体进行猜拳。直到全班排成一条长长的"长龙"。

2. 游戏进行 2~3 轮。全班组成一条"长龙"时，由"龙头"带领，在背景歌曲《相亲相爱一家人》的旋律中翩翩起舞。

3. 交流分享活动体验和感受。

4. 教师总结：人人皆可为"龙头"，每人都有卓越的潜力；未做"龙头"时就要向"龙头"看齐，听从"龙头"的指挥，跟随"龙头"的脚步。

二、生日线

1. 教师说明规则：全体同学按出生年月日排成年龄从大到小的一行，不许讲话，只能用手势沟通。

2. 排列完毕后，每人自报姓名和出生年月日。排列出错的，连带其左右相邻同学共同为大家表演一个小节目。

3. 倡议生日相同的、相近的、相同年月的来握手或拥抱表达一下缘分。

4. 交流分享活动体验和感受。

5. 教师总结活动意义：生日相同的或相近的同学心理距离迅速拉近了；相识就是缘分；我们班级同学聚在一起即是缘分，要好好珍惜。

三、无家可归

1. 教师讲明规则：全班同学均匀分散开，听到教师所喊某数字后，迅速任意找人组成符合数量的小组。例如教师喊"3",就要求任意三位同学迅速组成一个小组。累积两次落单的,要完成教师布置的小任务。

2. 活动进行若干轮次。

3. 教师讲明第二阶段活动规则:每个小组中必须有异性。

4. 活动再进行若干个轮次。

5. 交流分享活动体验和感受。

6. 教师总结活动意义:我们亲身体验到被他人接纳与被他人拒绝时的不同心理感受,今后要对同学多包容接纳,不要排斥打击;我们是班级家庭中的一员,个人与班级是共赢共损的关系。

 建议与说明

1. 本课程主题,如果能够邀请班主任和科任教师到班级与学生一起游戏,则可以形成师生同为团结一家人的良好氛围。

2. 《相亲相爱一家人》的背景歌曲在整个课堂持续播放,既能强化主题,又能感染情绪。

3. "生日线"和"无家可归"的活动中,对于站队出错或累积两次组合落单的同学,教师可以布置简单的小活动令他们完成。这些小活动要求简单省时,最好有一定的娱乐效果,例如每人吹破一个气球,学走模特步等。

4. 在"无家可归"活动中,同学们为了迅速组成正确数量的组合,会不管原本熟悉还是陌生,不论性别,紧紧拉手围成一圈,甚至是紧紧搂抱在一起。身体距离的亲近,无形中拉近了彼此的心理距离。

5. 教师在组织"无家可归"的第二阶段活动时,可根据班级性别比例提出不同要求。如果男女比例相当,可要求每个组合中男女各半;如果男女人数差距较大,可要求每个组合中至少有一名或两名异性同学。

例 085　有效沟通

课堂目标

1. 认识沟通时认真倾听的意义。
2. 认识彼此双向沟通的必要性。

课程设计

青少年所处特殊心理发展阶段，容易以自我为中心，许多人在与他人交流沟通时，很容易只顾自己倾诉表达，却忽视对对方的认真、尊重性倾听，更不能体会对方的尴尬、失落之情。同时，有不少同学在与人沟通时表现得较为被动，只会一味地接受，哪怕没有听明白对方所描述的事情，心中模糊有疑问，仍然不愿或不敢去向对方张口询问、确认，因为自己通过单向倾听获取的信息过于简单、片面，导致自己心中认为的情况与对方描述的情况相距甚远，造成无效沟通甚至是错误沟通。所以本课选择设计了"我说你听"和"你说我画"两个主题活动来让大家通过亲身体验，感悟人际沟通中如何才能达成有效沟通。

课程时长

2课时。

课堂准备

助教1名,由几个几何图形连接构成的相近图画两幅,纸笔若干。

学生分组

把全班学生分为6~8人的小组若干。

课堂流程

一、热身活动:"张老师说"

1. 各组学生分区站立,使每组学生尽量能够看到其他各小组的学生。

2. 教师讲解规则:老师将会下达一些动作指令,这些指令前有"张老师说"几个字时,就照着指令做,没有时,就保持原姿势不要动。

3. 教师宣布游戏开始:随机下达一些动作指令,例如蹲下、站起、举双手、抬左脚等等,但这些指令前有的有"张老师说",有的则没有。

4. 游戏结束后,老师请大家思考为什么有些同学会出错。学生通常的回答会是:因为那些学生没有认真倾听并记住老师说的游戏规则。

5. 老师宣布接下来继续做一个与"听"和"说"有关的活动。

二、主题活动一:我说你听

(一)活动过程

1. 每组围坐在一起,选出一位口语表达较好的同学,规定为A角色,其他同学围绕A同学,以方便倾听的距离和方位坐好。

2. 教师请每组A同学离开小组共同走到室外,布置给他们一个任务:请想一个组员们都感兴趣的话题,把它组织成为4分钟的一段话,准备讲述给组员们听。

3. 同时，助教对场内的各组其他同学悄悄布置一个任务：A 同学向大家说话的时间为 4 分钟，前 2 分钟不要认真倾听，要表现出心不在焉的样子；后 2 分钟则要专注凝神倾听，并做适当合理回应。

4. 请各组 A 同学回到各自的座位，提醒各位扮演好各自的角色，宣布 4 分钟计时开始。

5. 活动全部结束后，公开揭晓教师布置给听者与说者两种角色的任务要求。

（二）感悟分享

1. 作为以诉说为主要任务的 A 同学，在听者认真倾听与不认真倾听的不同情况下，A 同学的表现有什么不同，这说明了什么？

2. A 同学在没有被尊重性倾听时，内心有着怎样的期望和情绪？

3. 倾听者认真倾听的时候，表现为哪些方面？

4. 我们几乎每一位倾听者都很难做到持续地、心平气和地倾听别人的正常交流，这说明了什么？

4. 诉说者的准确表达和听者的认真聆听，对于交流沟通来说，意味着什么？

三、主题活动二：你说我画

（一）活动过程

1. 教师请全班推选一位最善于口头表达的同学，请他来到前台作传达者。教师交给他一幅图（见样图一），告诉他任务是通过口头描述，让全班同学尽量原样画出这幅图。现在请他熟悉一下图画，并思考准备一下。

2. 请各组把座位围成一圈，每人背向圆心坐下。助教给每位学员分发两张纸一支笔。告诉大家，同学们的任务是根据台上传达者的口头描述，尽量按照原样画出图画，并且只能听，不能提问。

3. 传达者站在台上开始进行口头描述，台下同学们仅仅根据所听到的信息来画图，不能彼此交流和偷看。

4. 画完后，助教在投影上投出原图，请同学们对照看差距大不大。

5. 教师布置第二轮"你说我画"的不同之处：传达者更换另一幅图（见样图二）进行描述；台下同学们对于传达者可以自由提问，传达者要认真解答；传达者可以走到台下同学们的身边，根据大家的所画情况，适时调整修正自己的描述。

6. 第二轮任务完成后，请大家坐回到圈内。助教在投影上投出原图，请同学们对照看这次差距大不大。两轮相比，哪幅画得更接近呢？同学们相互传看一下每个人的两幅作品，准备进入交流分享环节。

（二）感悟分享

1. 同样的传达者，同样的接收者，相似的图画，为什么大家在两轮"你说我画"中画出的画与原图的相像度各不一样呢？

2. 第一轮的单向沟通和第二轮的双向沟通各有怎样的优势和劣势呢？

3. 今后我们在课堂听讲时，要做到哪些才能学到更多、学得更准确呢？

4. 从信息沟通的角度分析，生活中道听途说的一些谣言信息为什么不可信呢？

四、结束活动

1. 结合同学们的交流分享，教师总结：有效的信息沟通要素包括准确表达、用心聆听、思考质疑、澄清确认等。

2. 全班推选这几个方面做得最好的几位学生代表，请大家向他们学习。

3. 请同学们在今后学习与生活中注意实践本堂课所学到的有效沟通知识。

建议与说明

1."我说你听"活动中请每组的 A 同学准备讲述的话题,假如 A 同学感觉讲述 4 分钟有困难,教师可以提示说只要小组成员感兴趣就好,无论是亲身见闻,还是离奇故事等等均可。

2."我说你听"活动中教师可以事先悄悄跟每组倾听者约定:在中途转折点 2 分钟时,以某种特定的暗号(例如咳嗽三声,或者干脆直接宣布时间已达 2 分钟)提醒大家现在到了改变倾听方式的时刻了。

3.参与"我说你听"活动时,有些课堂中 A 同学在前半段时间里可能会因为其他同学不专心倾听而出现去强拉硬拽甚至放弃讲述现象,这正是本活动中双方均投入角色的表现,教师通常不必干预。

4.参与"你说我画"第一轮活动时,在前台进行口头描述的同学,不能到台下走动,手中的图画不许给同学们看,而且要做好保密工作,防止台下同学透过纸的背面窥见图画的轮廓。

5."你说我画"活动中提供的两幅图画仅供参考,可根据学生的学段高低、认知水平、表达与识别能力等不同情况自由设计,但两幅图宜彼此相似为好,这样可以方便对比两轮活动的不同效果。

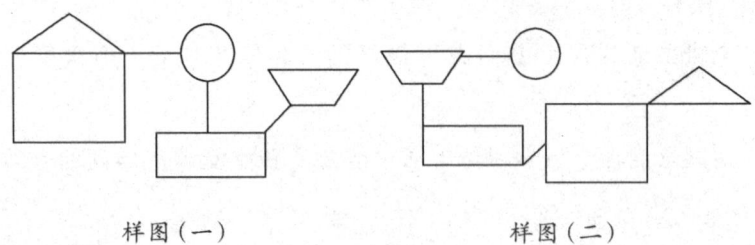

样图(一)　　　　　　　　　样图(二)

例086 人非圣贤 孰能无过

课堂目标

1. 体验同学间相互理解、宽容、安慰、鼓励的可贵。
2. 增强集体包容性，强化班级凝聚力。

课程设计

同学间的感情经常表现为亲疏变化无常，常常是今天认为张三浑身都是优点，于是结成亲密无间的好朋友，没几天又觉得张三有缺点有毛病，伤害了自己，不可饶恕，于是远离张三而去结交李四，结果没多久又出现了同样的局面。久而久之，于是感叹人心不古世风日下，进而可能闭锁自己的心扉，走向抑郁与孤僻，甚至可能对对方实施打击报复，给他人与班级带来麻烦。究其原因，主要是没有全面看待人心人性，不能正确对待他人的过失与错误，对于来自环境的麻烦挫折，总是以为有人故意使坏有心为之，于是对于他人心存芥蒂不能做到宽恕原谅，以此心态与他人交往互动，必然造成人际关系不良。设计本堂活动课程，就是要引领同学们认识、体验、感悟这些问题。

课程时长

2课时。

 **课堂准备**

助教 1 名，音乐《春天的早晨》和《相亲相爱一家人》，秒表 1 块。

 **学生分组**

把全班学生分为 6～10 人的小组若干（本文以 8 人小组为例）。

 **课堂流程**

一、热身活动：简单报数

1. 各组学生分别站立一排，组长整顿队形。

2. 教师讲解任务要求：每组全部 8 位成员，从排头到排尾依次大声报数，看哪组报数又快又响亮。

3. 请各组长带领简单练习。

4. 教师组织各组依次进行报数，由助教用秒表计时。

5. 教师提议为表现最好的小组掌声鼓励。

二、主题活动：差额循环报数

1. 导入主题活动：这堂课各组体验活动的内容也是报数比赛，但不同于刚才的简单报数，而是特殊的差额循环报数比赛。

2. 教师宣布各组的目标是在不违规的前提下用最短的时间完成报数任务。具体规则要求是：

（1）各组从 1 报到 6，依次循环报数，直到第一位报 1 的同学应该再次报 1 时，要立刻大声喊"完毕"，以时间短长分别计不同的分值。

（2）报数过程中不能有错报、漏报、抢报和报数声音不清晰现象，否则成绩为零。

（3）比赛将分为若干轮，每一轮正式比赛前将给予一定的练习时间。

3. 各组在组长带领下在各自位置开展练习。

4. 组织各组依次进行第一轮比赛，教师把握规则并计时，助教在白板上记录各组成绩。

5. 第一轮比赛结束后，宣布增加一个规则：比赛开始时由教师任意指定一位同学作为起始点开始报数。

6. 各组练习后，分别进行第二、第三轮比赛。

7. 以每组失误最多的同学为代表，请他们说一说出现失误是故意的吗？出现失误给小组带来遗憾时自己的心情是怎样的？

三、静心反省思考

1. 请每个人在自己小组的位置取一个舒服姿势坐下来，轻轻闭上眼睛，放松一下自己的身心，从刚才紧张激烈的竞赛状态中走出来，跟随老师的引领一起找寻自己的内心（助教播放音乐《春天的早晨》）。

2. 教师用催眠式的语言引领大家反省思考：

在刚才的报数比赛中，每个小组取得了不同的成绩，每个小组都有几次失误导致成绩为零的情况，当时的失误是由谁造成的？失误的同学是故意的吗？因为自己的失误而影响了小组的成绩，他们的内心是什么心情呢？是不是有许多的遗憾、惭愧、内疚和自责呢？我们又是如何对待他们的呢？我们指责报怨他们了吗？他们会有什么样的感受呢？如果失误发生在我们身上，我们愿意被这样对待吗？在我们平时的班级纪律、卫生、队列、学习等方面，是不是也有不少人因为无意的失误给集体丢了分数或荣誉呢？我们当时是如何对待他们的，今后我们又该如何做呢？

四、分享感悟

1. 请失误者结合各自的失误原因，分享自己的心情与感受。

2. 请小组失误时对出错者有较为激烈言行举动的同学，谈谈当时自己为什么那么冲动？现在觉得那样做合适吗？

3. 请结合班级日常生活中的实际情况，谈一谈你的感悟。

六、结束课程

1. 提议大家轻轻拍打失误者的肩膀或后背，以这种方式表达对他的安慰、谅解、支持和鼓励。

2. 全班同学共同手拉手，齐唱歌曲《相亲相爱一家人》。

建议与说明

1. 本次课堂活动要求各组尽量人数均等，若某些小组人数多一个，则要求组长不直接参赛，但组长要起到组织领导作用。

2. 差额循环报数，教师要求每组报数，根据每组人数来定这个数字，通常要稍小于小组人数，但不能是小组人数的一半。

3. 在每轮比赛开始前，教师故意请各组整齐大声回答有没有信心在本轮比赛中赢得更好成绩，能不能达到时间最短速度最快。其真实目的是促使同学们精神高度紧张，致使学生在比赛中更容易出现失误现象。

4. 通常每轮都有一到几个小组出现抢报、错报、漏报等违规情况，小组中就会出现程度不同的遗憾和指责。这恰是后期学生反省感悟的前提基础，只要行为不造成严重后果，教师不必干预。

5. 在交流分享的适当时刻，教师宜提议大家轻轻拍打失误者的肩膀或后背，或者最好给予亲密拥抱，以这种方式表达对他的安慰、谅解、支持和鼓励，并使失误者放下心理负担实现精神解放。

6. 在有些课堂上，会出现许多感人的画面，有些学生在这种心理课堂氛围感染之下，勇敢地站出来，讲述自己曾经对同学的不当对待，真诚地向对方道歉，双方握手言和重归于好，展现出班级同学化解误会不计前嫌，相互包容增进团结的美好画面。

例 087　成长之路

课堂目标

1. 丰富对挫折的认识。
2. 树立积极乐观的生活态度。
3. 学会有创造性地展示自己。

课程设计

青少年要认识到成长道路上的坎坷与艰辛，又需要对前途充满信心和希望，走出符合社会需要又富有个性色彩的人生之路。本课程设计主要通过"鸡蛋的成长"和"精彩旅程"两个体验式拓展游戏活动，让学生在全员参与、愉悦兴奋之后，由第一个活动体会人生无常，"不如意之事十之八九"，但我们不必抱怨命运不公，只要我们不放弃，勇于拼搏，大都可以成功。第二个活动意在引领学生认识到要敢于创新不走寻常路，要突破自我勇于展示自己，要学会欣赏自我欣赏他人，这样就可以挖掘潜力创造出无限可能，在坎坷人生路上活出自己的精彩。

课程时长

2课时。

 **课堂准备**

动感音乐,助教 1 名。

 **学生分组**

无需分组。

 **课堂流程**

一、活动导入

宣布本次课要开展的两个体验性游戏,但要注意两点:遵守规则,尊重他人。

二、"鸡蛋的成长"活动

1. 教师宣布游戏内容和规则

(1) 游戏中有四种角色,从低到高依次为:鸡蛋、小鸡、母鸡、凤凰。这四种角色的标志姿势分别为:鸡蛋——身体蹲下;小鸡——身体半蹲,手扶膝盖;母鸡——身体直立,一手上举;凤凰——展开双臂呈飞翔状。

(2) 全班所有人不分小组共同参加游戏。

(3) 所有人最初都是鸡蛋,要通过和同级别的人角逐才能晋升。

(4) 角逐的方式是"剪子—包袱—锤",赢的升一级,输的降一级,最低级是鸡蛋。

(5) 凤凰不用再参加角逐,"展翅飞回"座位即可。

(6) 游戏进行到只剩一个鸡蛋、一只小鸡、一只母鸡,其他所有人都晋升为凤凰时结束。

(7) 先晋升者没有奖励,没能晋升者也没有惩罚。

2. 学生进行第一轮活动

本轮游戏结束时，请连升三级没遇挫折的同学举手，同时请大家记住哪三位同学没有晋升为凤凰。

3. 学生进行第二轮游戏

本轮游戏结束时，请前后两轮都是连升三级没遇挫折的同学举手，请大家看一看与上一轮举手的同学相比，人数是多了还是少了？

4. 学生进行第三轮游戏

本轮游戏结束时，请大家看好哪三位同学没有晋升为凤凰，注意观察还是前两轮那六个同学吗？

请在全部三轮游戏中都是连升三级没有遭遇一点挫折的同学举手。请大家注意观察还有没有如此一帆风顺的人。

5. 交流分享

在小组交流讨论的基础上，请代表分享自己或小组的想法与感悟。

三、"精彩旅程"活动

1. 准备活动

组织部分学生在活动室中央用两排凳子布置成一个长约4米、宽约1.5米的通道。

挑选四位班干部，其中两人做起点助手，另外两人做终点助手。

2. 教师公布活动规则

每个人由通道一端到达另一端，不能借助自身以外的任何道具，要求通过方式和其他所有人次的通过方式不能相同，如有相同须返回重做。

3. 学生活动

助教播放动感音乐，进行三到四轮活动，前几轮为单人，最后一轮可最多三人组合。

在游戏即将结束时，请刚才没有机会参与本游戏的教师、助教、起点和终点助手等"工作人员"按照规则参与游戏。

4. 交流分享阶段

在小组交流讨论的基础上，请代表分享自己或小组的想法与感悟。

四、结束

请学生将前后两个活动结合起来，谈一谈对于我们成长道路的认识。

教师总结同学们的发言，并根据班级实际情况提出适当意见和建议。

 建议与说明

1. 约四五十人的班级进行"鸡蛋的成长"活动比较快，每轮大约4～6分钟即可完成。三轮活动中，一般不会出现每轮都落在后三名的同学，也不会有保持三连胜的同学。

2. 在"鸡蛋的成长"活动中，学生参与热情很高，虽然个别人在第一轮活动中可能存在不按规则进行、不讲诚信的情况，但后两轮就会好转，因为他们发现即使不幸被落在后面也无所谓。

3. 课初以及活动中的适当时候，教师要强调大家在游戏中一定要相互尊重，防止活动中发生对他人角色的不尊重、嘲讽现象。

4. "精彩旅程"活动中，起点助手的作用主要是做好监督：只有上一位（或上一组）学员成功到达终点后再允许其他人进入通道；每次进入通道的学员人数符合规定。终点助手的作用主要是裁判：判定通道内的学员通行的方式是否与他人有重复，如无，则放行，如重复，则告之返回起点重来。

5. "精彩旅程"活动中，有些班级的部分学生可能会有些放不开，表现为创造力不够，想不到或不敢尝试用新方式过关。教师和助教要做好督促，鼓动现场气氛，必要时可以亲自上场，用奇异的通行方式制造气氛，鼓励学员大胆创新勇于表现。

6. 课堂通常能给每次活动留有较充分的交流分享时间，40人的班级大都能做到平均每人一次发言机会。教师要防止个别同学交流分享时,将关注重点拘泥于"剪子—包袱—锤"时的PK技巧,或者仅仅停留于"精彩旅程"中的创意动作,要鼓励大家将关注点拓展到游戏外,联系到学习和人生。

例 088　我能行

课堂目标

1. 明白一些困难并非我们想象得那么艰难。
2. 增强对自己和他人的信心。

课程设计

青少年容易存在两种畏难心理,一是把困难看得过重,一是把自己的能力低估。本课程设计就重点针对这两点,分别设计了"解手链"和"人体悬浮"的活动,让学生在这些亲身体验中,在预想与现实的巨大落差对比中,感受自身及团队的力量,感悟到:许多看似非常困难或不可能的事情,只要我们敢于尝试,坚持去做,大胆创新,就完全可以做到,就可以创造连自己都为之惊讶的奇迹。

课程时长

2课时。

课堂准备

助教1名,秒表1块。

 **学生分组**

将全体学生分为每组10人左右的小组若干。

 **课堂流程**

一、活动导入

告诉大家本次课的活动具有一定挑战性，既要积极参加尽力争取，又要根据各自身体情况确保安全。

二、解手链

1. 演示游戏的始末状态并解释规则

请一个小组的同学配合演示，先手拉手围成一圈，请每个人务必记清各是拉的谁的哪只手，告诉大家此即游戏的结束状态。松开手后，由老师在较小的场地范围内将每人的方向和位置打乱。在每人双脚位置和方向不变的条件下，按刚才样子再拉起手来，于是所有人的胳膊就形成了一张错综复杂毫无头绪的"手链网"，此即游戏的起始状态。规则就是所有人的手不能断开。目标是用最短的时间由起始状态达到结束状态。

2. 请各组学生预测自己小组所用的时间，助教记录在白板上。

3. 请两个小组率先同时进行游戏，另两个小组按要求将游戏中小组成员的方向和位置打乱，并给予监督。

4. 另两个小组进行游戏。

5. 每两个小组组合为一个大组，分批进行游戏。

6. 根据游戏预测用时和实际用时的差距，老师引导思考我们平时是否也会遇到这种错综复杂毫无头绪焦头烂额的局面，那时你是怎么想怎么做的，得到了怎样的结果？今天这个游戏对你有哪些启发和收获？

7. 分享感悟。

三、人体悬浮

1. 导入：请一位身体柔韧性较好的学生来上台展示，看能多大程度地让自己的上半身尽量与地面平行。问：你能让自己膝盖以上的身体与地面平行吗？（回答当然是不行）下面我们将亲自创造一个魔术一样的奇迹，让每个人都能实现这一点。

2. 请四位同学（最好是身材差不多的男生）演示（同时请另四位同学协助）：将四张凳子摆成"十"字形，四位学生呈同一时针方向坐下，双腿并拢，小腿与地面垂直，每人在他人的协助下慢慢向后倒下，将肩背部放在后人的大腿上，将全身绷直，由其他同学慢慢将他们身下的凳子全部抽出来，四人相互支持"悬浮"10秒，然后由其他同学将凳子放回他们身下并扶他们坐起来。

3. 公布第一轮活动规则：每个小组所有成员分两批全部参加，标准地坚持10秒即为满分。

4. 每个小组自行练习，教师做好鼓励和指导工作。

5. 每个小组依次参加比赛。

6. 公布第二轮活动规则：每个小组所有成员同时参加比赛，标准地坚持60秒即为满分。

7. 每个小组在其他小组的协助下依次参加比赛。

6. 分享本活动的体验和收获。

四、总结拓展

教师根据同学们的交流分享情况以及本班学生的实际情况，归纳总结本次课的精华意义。要求同学们将对本堂课的思考带到课下并用行动表现出来。

建议与说明

1. 本节课应提醒学生注意安全,尤其是腰腿有伤病者更要量力而行。

2. "解手链"活动时,不管是每个小组10人左右,还是两个小组20余人一起进行,通常在几十秒到一分钟左右,最快10秒多点,最慢不过2分钟。但也有个别小组当时轮次不能成功,主要原因是拉手有误或者是游戏中手不慎有断开违规现象。

3. "解手链"活动中参加游戏者被打乱方位时,要尽量在较小的范围内进行,否则最后不容易将手连起来;在人数较多时,可允许他们在双脚方向不变的前提下向中间集中一下。

4. "解手链"活动时,各小组预测的本队完成时间多为10分钟左右,预测两个小组合起来做时约需20~30分钟时间,均大大长于实际用时;"人体悬浮"活动时,仅在演示阶段即令不少学生望而却步,实践中却是每个人都实现了这一魔术式的奇观,使学生产生太多惊奇和感悟。

5. 在这两个活动中,既存在团队竞争,又需要团队合作。其他小组对游戏组的监督、指导和协助,既节省了课堂时间,也为他们增强了信心,还强化了大团队精神。

6. 在"人体悬浮"活动的练习阶段,率先尝试者通常都是较大胆且身体较强壮的男生,在他们的带动和鼓励下,其他人才逐步参加到游戏中来,但也难免有个别女生胆怯退缩,教师和助教要及时发现并给予鼓励、指导和特别防护。通常最终每个人都能参加进来,都能够挑战自己获得成功。

7. "人体悬浮"时,教师要指导并组织其他人做好安全防护工作,每个人盯在一位游戏者旁边,负责及时抽放凳子并做好协助和防护,这样既能给游戏者信心和安全感，也能切实杜绝安全隐患。

8. 在有的班级，学生练习时实现了全班所有成员独立操作的"人体悬浮"，不需要他人协助，自己抽掉凳子并在完成时自己将凳子放回到身下。虽因稍有风险不值得提倡，但至少表明学生拥有乐于尝试敢于挑战自己的积极进取精神，也说明学生在本活动中有潜力可以挖掘。

9. 关于"人体悬浮"时坚持的时间长度，可以视班级学生完成难度来灵活调整。另外，有时，不用秒表计时，而是要求游戏者能够合唱一首歌，歌曲唱完而仍保持全员"人体悬浮"状态即为成功。这样操作更会使学生情绪高涨。

10. "人体悬浮"游戏参加者人数更多时可能并不比四人难，因为四人时彼此成直角，前人身体的着力点很容易偏离后人的膝盖，而多人参加时，前人与后人身体几乎成为一条直线，身体的着力点更容易压在后人的膝盖上（此为最佳着力点），从而实现起来更轻松。

例 089　天下父母一样亲

 **课堂目标**

1. 理解父母，感恩父母。
2. 能够学会从不同的立场和角度看待问题，理解父母的做法。
3. 愿意以真诚的态度和父母沟通交流，并以实际行动回报父母。

 **课程设计**

当代青少年容易以自我为中心，为人处事中不能站在对方角度思考问题，容易忽视他人的感受，尤其以独生子女为甚，尤其是在与父母相处时更甚。本课程设计先通过让学生分组讨论"好"与"坏"家长的特征，然后在特定问题情境下恍然发现原来自己一直站在自己的角度来评判家长，结合爬梯子与架梯子两种角色的亲身体验，学生更容易感悟到，不管父母以哪种方式对待我们，只要我们站在家长角度来看问题，就不难理解，其实他们都是爱我们的，都是为了我们更好地成长！

 **课程时长**

2课时。

课堂准备

助教 1 名，纸笔若干。

学生分组

将全体学生分为每组 10 人左右的小组若干。

课堂流程

一、分组讨论

1. 教师布置讨论任务

（1）我们心目中的好家长应该具备哪些特征？

（2）现实生活中，你自己觉得父母有哪些让你不满意的地方？

2. 学生讨论

助教分发纸笔，学生分组讨论，并由一名同学负责做记录。

3. 交流讨论结果

（1）教师宣布汇报形式和要求：每组派一位代表来汇报本组讨论结果，要求语速放慢，声音洪亮，吐字清楚。其他同学要认真倾听。

（2）每组汇报讨论结果。

（3）助教将各组讨论结果整理完整。

二、体验活动：水平云梯

1. 教师讲解规则

（1）教师给大家示范"梯子"的搭建方法：两人一组互为搭档，四只手互相握住彼此手腕成为一个坚实的"井"字形。

（2）所有扮演"梯子"的同学坐在地上，搭档之间脚尖对脚尖，这样能够充分发挥每一位同学的力量。首先挑出一名个头较小的同学来爬

"云梯",从一端爬至另一端为完成任务。之后这名同学在终点处扮演"梯子",由起点另一名同学继续完成爬"云梯"。

(3) 爬行过程中,"梯子"不许动,只能由爬"梯子"的人自己使劲,不可出现往上抛同学的现象。"梯子"左右及时移动,保证爬梯子人安全。

(4) 爬"梯子"的同学可以匍匐前进,也可以跪着爬过去,但是都要注意自己的脚尽量不要蹬到其他同学的脸。一名同学爬过去之后,下面的同学才可以继续爬。学生趴下的过程中不允许直接往前方砸下去,只可以慢慢趴下,从起点开始爬行。

2. 学生搭建"云梯",开始爬"梯子"

人梯搭建完成后,第一位同学开始爬"梯子",其他同学依次进行。教师和助教做好监督,并保护同学安全的任务。

3. 讨论分享

教师引导同学们回顾爬"云梯"过程并提出问题:"'云梯'好爬吗?辛苦不辛苦?"学生小组内讨论交流自己爬"梯子"的感受。

学生发言分享。教师注意控制发言内容,只允许说出自己爬"梯子"时的感受,而不需要说做"梯子"的感受。

三、问题情境

1. 教师抛出问题

现在你正作为一位探险者前往原始的热带雨林去探险。出发时你带了5只动物,它们分别是:孔雀、老虎、大象、猴子和狗。但是随着行进路程的深入,你发现想要穿越热带雨林困难重重。此时你不得已要把自己带的5只动物一一抛弃,最后只能留下一只。那么你会最先抛弃谁,你会选择留下谁,为什么。

2. 学生探讨交流

学生分组讨论,意见不统一时可能会出现争论、激辩情况。

3. 学生发言分享

请部分同学起来发言，学生需要说出最后留的动物是什么，抛弃的顺序是什么（可以只说前两个动物），以及这样选择的出发点是什么。

教师注意倾听，并及时做出回应，每组挑选一到两名同学发言。

四、回归主题，重新思考

1. 教师提出新的故事

在上述情境中，有一个人作出与我们截然不同的选择，他最后选择留下了孔雀，他说："这些动物里面最没有自我保护能力的就是孔雀，如果我把它抛弃了，它就有可能会因此死掉，所以我选择留下它。"

2. 同学们思考他为什么会这样选择。学生一般可以提出关键点：因为他和我们思考时的出发点不同，他是选择站在动物们的立场考虑，而我们都选择站在自己的立场上考虑。

3. 教师适时总结：由于我们在选择时太多地考虑别人对我们的付出够不够，没有想过别人需要我们什么样的付出。我们往往总是立足于自我的立场，考虑更多的是自己的利益和需要，却很少关心他人的需要，更别说从别人的立场来看问题了。

4. 教师启发大家继续思考

（1）在讨论好父母与不令人满意的父母的特征时，我们是站在谁的立场，我们有没有考虑到父母的感受？

（2）我们在爬"云梯"时感到非常艰难，甚至膝盖疼痛。但是，请想一想我们做"梯子"时是不是更艰难呢？手腕被压得非常疼，甚至还可能被踢到脸，但还要支撑着爬梯人前进！

（3）在我们的生活中又是哪些人为我们做"梯子"，支撑着我们？

5. 学生思考、交流

小组交流后，请部分同学发言分享。

五、感恩、回报父母

1. 教师提出思考题目

（1）我们在父母面前表现叛逆、和父母起冲突时，他们会有什么样的感受？

（2）站在父母的立场，审视一下自己是不是一个合格的儿女？你们打算今后怎样做一个父母眼中的好儿女和自己认为的好儿女？

2. 讨论分享

学生纷纷发言说出自己的想法，并对自己提出新的要求。

3. 布置课下任务

（1）请大家于放学后和父母做一次深层次的心灵沟通，说出自己对父母的爱。如果有的同学说不出来或者是父母不在家，也可以以书信的方式代替。

（2）请在课下为父母做一到几件实际的事情，以表达对父母的感谢。

 建议与说明

1. 爬"云梯"的过程中，要看班级的具体人数。如果人数不多，可以全班组成一个梯子。如果人数很多，就要把学生分为两组了。这样教师和助教可以每人负责一个小组，来完成任务。

2. 在人数比较多的班级中，由于分成两组来做，很容易给学生造成在比赛的感觉，以至于现场一度出现混乱。建议此时教师一定要解释清楚不比速度，全体学生架设两部人梯，不是要比赛，只是为了节约时间。

3. 爬人梯时，先由个子最小的一位同学来爬，是因为通常他的重量最轻，较容易爬行，其他人的承载量也较小，方便在大家尚没有完全把握技巧时，确保顺利和安全。

4. 在关于"带5只动物雨林探险"的问题情境中，在多次课堂实施中，从没有学生回答说要保留孔雀舍弃其他动物。恰是这样的情况，在教师讲出有人愿意保留孔雀时，同学们通常感到非常惊讶和好奇，在获知理由时才恍然大悟：原来我们刚才一直站在自己的角度上思考问题。

第八单元
校内外心理拓展活动方案例举

例 090　中学生心理拓展活动方案

 **活动对象**

山东省某校中学生

 **活动主题**

学会学习　喜欢学习

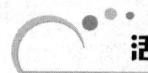 **活动目标**

认识到学习的意义，端正学习态度，增强学习动力；增强学习的兴趣，巩固对学习的积极情感；能够在借鉴他人学习方法的基础上，初步形成适合自己的学习方法；面向未来，树立终身学习的观念，为终身发展奠定基础。

 **时间长度**

每天1次，每次1.5个小时，共4次6个小时。

活动流程

次	目标	活动设计
1 学习路上不孤单	1. 初步感受轻松和谐的班级团体辅导氛围。 2. 回顾学习历程，认清学习现状，形成对辅导的合理期望。 3. 在本班内找到多方面与自己有着相同或相似积极特点的学习伙伴。 4. 讨论制订辅导公约，对下次辅导充满期待。	1. 热身游戏：好运到我家。 2. 分享我的学习历程。 3. 分享我的学习现状。 4. 寻找我的学习同伴。 5. 讨论制订团体辅导公约。 6. 欣赏MV《学习歌》。
2 强化动机端正态度	1. 思考为谁而学的问题，增强学习主动性。 2. 思考学习的意义，增强学习积极性。 3. 思考人生学习内容，树立终身学习的观念。 4. 增强学习动力，端正学习态度。	1. 热身游戏：滴水映日。 2. 学习主题大讨论。 3. 我的学习态度。 4. 我的"学习气球"。 5. 跟唱MV《学习歌》。
3 善用学习方法	1. 在班级树立善用学习方法的榜样人物。 2. 从教师、榜样人物、普通同学那里借鉴学习方法。 3. 找到最适合自己的学习方法。 4. 将这些学习方法落实到实际学习中去，检验后再修正。	1. 热身游戏：开口笑。 2. 选举学习策略明星。 3. 学习方法专家谈。 4. 走进学习策略圈。 5. 欣赏MV《学习歌》。
4 增强兴趣培养感情	1. 体验并感悟自己与学习在感情上的相互影响关系。 2. 对各学科兴趣更浓，特别是培养对薄弱学科的兴趣和感情。 3. 把对学习的美好感情融入潜意识，并转化为自觉行为。	1. 热身游戏：闻鸡起舞。 2. 我与学习的距离。 3. 学习推介会。 4. 与学习共舞。 5. 结束：共跳学习舞。

例 091　中职生心理拓展活动方案

 **活动对象**

海南省某中职学校学生

 **活动主题**

尊重差异　接纳你我

 **活动目标**

全面客观认识自我和他人，特别是每个人的优势与局限；能够接纳自我与他人的优势和劣势，包容每个人的个性差异；能够真诚地欣赏自我和他人，尊重每个人的个性差异；能够全面认识自己，相信自己有所长，提升自信心。

 **时间长度**

每周 3 次，每次 1.5 个小时，共 6 次 9 个小时。

活动流程

次	目标	活动设计
1 你的表现我关注	1. 初步建立温馨安全、真诚信任的团体气氛。 2. 开始关注同学间的个性差异，初步学会积极关注和欣赏。 3. 拟定团体规范，建立团体的共识和默契。 4. 了解团体目标，建立适当的团体期望。	1. 按数组合：分三个阶段进行，最后一轮分组。 2. 分配"小主人"和"小天使"。 3. 确定特色小组个性组员。 4. 棒打乌龙：每人在被报纸棒打到之前必须说出其他小组某个人的正面个性。 5. 畅谈辅导期望。 6. 讨论确定团体公约并承诺。 7. 结束活动：签字听歌。 8. 布置作业。
2 理想现实两相知	1. 了解自身的愿望和需求。 2. 认识到"理想的我"≠"现实的我"。 3. 意识到每人都生活在理想与现实之间。	1. 热身：拖把主人。 2. 物说心语：假如我能变，我愿意变成……因为…… 3. 自画像：画出理想与现实中的自我，展览交流。 4. 自由投球：我们生活在理想与现实之间。 5. 布置作业：思考我到底是个什么样的人。
3 真实自我要悦纳	1. 借助自我与他人，能够比较全面客观地认识自己。 2. 愿意展示自己多方面的个性特点。 3. 比以前更加接纳自己。	1. 热身：跟我学跟我做。 2. 悦纳自我小测试。 3. 照照多棱镜：他人眼中的我；正反两面的我；历史长河中的我。 4. 镜中伟人：每人依次到教师面前观看"伟人照片"。 5. 布置作业：每人准备1~2分钟的自我欣赏演讲稿，并练习更自信的表达。

(续表)

次	目标	活动设计
4 和而不同真君子	1. 澄清个人内在的心理需要，能够比较全面客观地认识自己。 2. 认识到每个人的需要不完全相同，要尊重、接纳这些正常需要。	1. 热身：风雨变奏曲。 2. 心理竞买会。 3. 膝下夹球接力。 4. 老木匠容国王避雨的故事。 5. 布置作业：想想你的心胸能够容下多少人。
5 人各有别容乃大	1. 了解自己对他人的接纳程度。 2. 增加对他人的接纳程度。 3. 学会表达对他人的尊重与接纳。	1. 热身：巧手操。 2. 写出不接纳的理由。 3. 接纳他人小测试。 4. 初识头脑风暴。 5. 支持接纳。 6. 如何表现接纳。 7. 优点轰炸。 8. 布置作业：每人准备1～2分钟的自我欣赏演讲稿，并练习自信表达；为"小主人"写一封嘉许信。
6 欣赏精彩你我他	1. 学会勇于展现并欣赏不同个性的精彩。 2. 总结并巩固内化辅导收获。 3. 带着希望结束主题辅导。	1. 热身：精彩旅程。 2. 揭秘"小主人"，进行自我欣赏性演讲。 3. 催眠内化：我要用全身心的爱来迎接今天。 4. 总结反馈。 5. 强化主题、合影留念。

例092 大学生心理拓展活动方案

 **活动对象**

山东师范大学三年级学生

 **活动主题**

扬长补短　充电加油

 **活动目标**

放松身心缓解压力，融洽关系凝聚团队，全面客观认识自我，扬长补短树立信心，加油充电积蓄能量。

 **时间长度**

4个小时。

活动流程

时段	分目标	活动设计	活动内容提要
1	建立开放、融洽、信任的训练氛围	开门见山	简单介绍活动形式和要求。
		幸福拍手歌	在歌曲《幸福拍手歌》声中伴随音乐拍手、跺脚、拍肩。
		风雨变奏曲	事先约定好刮风、小雨、大雨、暴雨、晴天的不同手势表达,在统一口令下表演风雨变奏曲。
		手指抓逃	每人左手平伸掌心向下,右手食指竖起,顶在右边人的左手掌心里。在听到"抓"字时,迅速抽出右手食指,同时左手设法抓住他人食指。
2	重新全面认识自我,扬长补短,树立成长信心	左手右手	把左手右手的轮廓分别画在纸上,在常用手的掌心中写"扬长",在另一手掌心写"补短",然后在每个手指部位分别写上最重要的优势或弱项,并在旁边标出如何扬长与补短的计划。
		五把金钥匙	每人在纸上画出5把钥匙轮廓,然后在里面填写5个已基本具备的通向成功幸福大门的素质能力或条件资源等。
3	融洽人际关系,放松身心缓解压力,加油充电积蓄能量	巨龙摆尾	每两人猜拳,输者跟在赢者后面,直到全体连成一条长龙。
		解开千千结	每组全体成员在充分打乱位置和方向的前提下,把手按正常围圈时的顺序拉起来。然后在手不松开的条件下还原为正常的一圈。
		牙签接力	每组全体成员站成一排,在一定时间内把尽多的橡皮筋用口中衔着的牙签传到队伍另一端。
4	强化归属,总结收获,提升感悟	考评盘点	每组讨论并分享自己小组在活动中表现出来的优秀品质。
		团队节拍	全体围圈共同蹲起16次,同时逐字喊出"现在是最棒的学生,将来是最棒的教师!"

例 093　青年教师心理拓展活动方案

 **活动对象**

湖北省某校青年教师

 活动主题

携手并肩　积极进取

 **活动目标**

培养青年教师的团队精神，增强合作意识，培养对学校学生和教育事业的高度责任感，在积极进取中感受进步、成功的快乐。

 **时间长度**

约 6 个小时。

活动流程

时段	活动目标	活动项目	活动内容提要
上午	放开身心，感受快乐幸福	热身歌曲	《幸福拍手歌》
	初步了解体验式训练及其要求	训练简介	简单介绍
	初步开放自我，建立小组归属感	分组展示	随机分为3个小组，每组选定组长，确定组名、小组口号、组歌、组型，然后分别进行小组风采展示。
	感悟与同事间的磨合，学会以大局为重	月球行走	每组全体成员把脚腕绑在一起，在分别相距15厘米距离的若干个呼啦圈中走过，不许碰圈，也不许接触圈外。
下午	艰难前行路上，反思他人为自己的付出	蜈蚣翻身	每组全体成员手拉手站成一行组成一只蜈蚣，每人大腿和小腿必须保持竖直，自蜈蚣头开始每人从他们双手连接处跨过去。
	检阅团队精神，激发集体荣誉感	强渡大河	全体成员踩在不足成员半数的20厘米见方的泡沫垫上，依靠成员互助，艰难到达大河另一岸。
	向领导传递真情，汇报收获	真情表达	向大家汇报各自感受和收获，倾吐下一步工作和生活的新想法。
	营造相亲相爱家人氛围	结束活动	我们是相亲相爱一家人

例094 幼儿园园长心理拓展活动方案

活动对象

河北省幼儿园园长培训班成员

活动主题

幼儿教育　奇迹无限

活动目标

了解并亲身感受这一新型培训的过程和效果；在参与中开放自我，愉悦身心，增进与各位同行的感情沟通；在与同行交流沟通中增加对幼儿教育改革实施的信心。

时间长度

约6个小时。

活动流程

时段	活动目标	活动项目	活动内容提要
上午	放开身心,感受相逢相知之缘	热身歌曲	《相逢是首歌》
	初步了解体验式训练及其要求	训练简介	简单介绍心理拓展训练的形式与要求。
	初步开放自我,建立小组归属感	分组展示	随机分为几个小组,每组选定组长,确定组名、小组口号、组歌、组徽、组型,然后分别进行小组风采展示。
	体验策划与沟通的重要性,计划与落实的统一性,思考的缜密性	数字传递	每组全体成员面朝同一方向站成前后一列,自队尾向队首依次传递特定数字,要求不许讲话,只能用手势和动作来表达。
下午	在路遇困难险阻时,依靠集体力量,集思广益,大胆尝试,勇于探索	交通堵塞	每组成员分两部分对向站立在若干个方格内,每人一个方格,中间一个格子空着。要求在不触格不出界的条件下实现两部分人员的位置互换。
	增强责任心和自信心,促进互相信任和支持,敢于创造人生奇迹	人体悬浮	每组成员围成一圈,每人膝盖以下部位保持竖直,将后背平躺在队友的大腿上,形成类似身体悬浮的奇特场面。
	传递真情,汇报收获,分享感动,憧憬未来	真情表达	向大家汇报各自感受和收获,倾吐下一步工作和生活的新想法。
	留住感动,记录永恒	互赠祝福	每人将一张空白彩纸粘在后背上,大家用手中的笔给予队友书面鼓励、支持和祝福。

例 095　中小学校长心理拓展活动方案

 **活动对象**

重庆市中小学校长培训班学员

 活动主题

探索课改　掌舵教育

 **活动目标**

通过体验式心理培训了解并亲身感受高效课堂的过程和效果；在参与中开放自我，愉悦身心，增进与各位同行的感情沟通；在与同行交流沟通中增加对课堂改革实施的信心。

 **时间长度**

3个小时。

活动流程

时段	分目标	活动设计	活动内容或引领思考
1	建立开放、融洽、激情的训练氛围	训练简介	目标、形式与要求
		热身活动	大小西瓜，大风吹，无家可归
		小组建设	队长、队名、队呼、队歌、队形
2	遇到的挑战与灵活变通	蜈蚣翻身	作为校长走课改之路带领学校翻身，其他干部和教师严格走前人路线了吗？他们配合了吗？你遇到了哪些困难与挑战？你学会灵活变通了吗？
3	策略与执行，检查与确认	数字传递	为了课改目标的成功，你召集你的团队充分研讨了吗？你的团队是否严格按照设定方案操作执行的？你们策划得是否细致周到？沟通中有没有检查与确认的程序？
4	迷局与信心，焦虑与探索	解手链	困境中的局面看似是一团乱麻，但只要不怕困难，积极努力探索，事情很快就会柳暗花明，你会尽尝成功的喜悦。
5	总结收获，升华感悟	分享交流	每人一句话分享自己的收获。
		结束活动	我们是集体领路人

例 096　医护人员心理拓展活动方案

 **活动对象**

河南省某医院医护人员

 **活动口号**

合力支持　健康成长

 **活动目标**

体验兴奋、快乐、激动等情绪状态，充分宣泄不良情绪，释放心理压力；在一个个快乐而富有挑战的活动中锻炼多种心理素质与能力；由游戏到人生，感悟工作、感悟家庭、感悟生活、感悟生命；激发职工自我潜能，打造医院卓越团队，实现个人与单位双赢局面。

 **时间长度**

约 12 个小时，可分两天进行。

活动流程

时段	活动目标	活动项目	活动内容提要
第一天上午	初步了解体验式训练及其要求	训练简介	介绍导师、活动形式、活动要求等。
	打破人际坚冰,初步了解培训	相识相知	每人介绍自己的姓名和另外三个突出特征。
	初步开放自我,建立小组归属感	分组展示	随机分为4个小组,每组选定组长,确定组名、小组口号、组歌,然后分别进行小组风采展示。
第一天下午	体验信念与坚持,高度认同团队	团圆坐走	以小组为单位,每组全体成员侧向围站成一小圈,每人稳坐在后人腿上,坚持一定时间,然后齐步向前挪动步伐。
	进一步开放自我,学会坦然面对压力	牙签接力	每组全体成员站成一排,在一定时间内把尽量多的橡皮筋用口中衔着的牙签传到队伍另一端。
第二天上午	体会宽容、谅解、鼓励与支持	差额报数	每组围成一圈,自某人开始从1到7重复循环快速报数,直到最初报1的人应该再次报1为止,不许出现错报、漏报、抢报、不清晰和停顿现象,否则为失误。在保证不失误的前提下各组比赛完成速度。
	运用团队智慧,化解杂乱局面	解开心结	每组全体成员在充分打乱位置和方向的前提下,把手按正常围圈时的顺序拉起来。然后在手不松开的条件下还原为正常的一圈。
第二天下午	领悟成长三部曲,直面人生坎坷路	鸡蛋凤凰	游戏中自低到高有鸡蛋、小鸡、大鸡、凤凰四种角色。全体成员相互猜拳,赢的上升一级,输的降为鸡蛋。升为凤凰的成功退出游戏。
	培养创新能力,展现精彩个性	精彩旅程	每人用不同的方式从起点到达终点,如果与任何人使用过的方式有所重复需要返回重来。
	回顾两天培训经历,表达心灵收获	真情表白	每人交流汇报培训收获。

例 097　报社员工心理拓展活动方案

 **活动对象**

中国教师报社编辑、记者

 活动主题

激发潜能　凝聚团队

 **活动目标**

建立信心，强化胆识，肯定自我，进而超越自我；化除人际、部门间隔阂，消除负面能量，开创自我与他人共赢、个人与单位双赢的局面；激发积极主动的行动力及精神士气，建立团队共识，提升全员斗志。

 **时间长度**

共约20个小时，可分2天1晚进行。

活动流程

时段	活动目标	活动项目	简要活动内容
第一天上午	打破人际坚冰，初步了解培训	相识相知	介绍活动形式与要求，高声齐唱《相逢是首歌》。
	初步开放自我，建立小组归属感	分组展示	随机分为6个组，每组选定1名组长，设计各自的组名、小组口号、组歌，分别上台展示。
	进一步开放自我，学会倾听、支持与沟通	搭档支持	每两人结为搭档，分别向对方介绍自己的基本信息、令自己荣耀的一件事、今后几年的打算，配合手势齐呼"我能行，我一定能行！"
第一天下午	学会承诺与守诺，建立团队信任感	风中劲草	每组围站成一圈，圈心站一人，待大家做好相应准备后，笔直向后倒下。后边队友接稳倒下的人后，慢慢传给相邻队友，直到传遍一圈后，再把他扶正。
	学会内省反思，高度认同团队	同心杆	每人平伸一根食指，共同托住2米多长的细杆，共同平稳地把杆子降到地面，期间不许出现勾杆、夹杆、压杆、脱杆情况，否则返回重做。

(续表)

时段	活动目标	活动项目	简要活动内容
第一天晚上	学会换位思考，勇于承担责任	领袖风采	全体成员分为三大组，组长不参赛。各组从一端开始依次报数，用时最短获胜，但不许出现错报、漏报、抢报和声音不清晰现象，否则会犯规被判失败。失败组的组长要做一定数量的俯卧撑。
	学会理解与感恩，拥有真诚与大爱	选择行动	在教练引导下，分别面对各自人生中的"冤家""父亲""母亲""领导""同胞""自己"，自由选择单手相握、双手相握、拥抱这几种方式采取行动。
第二天上午	强化自信心，学会欣赏他人	欣赏特质	向尽多的人敞开心扉，表达对他人的欣赏、肯定与赞美。拥抱自己，欣赏自己。
	培养创新能力，展现精彩个性	精彩旅程	每人用不同的方式从起点到达终点，如果与任何人使用过的方式有所重复需要返回重来。进行3~4轮，后期允许组团。
第二天下午	综合检阅团队力量，强化共赢思想	穿越电网	全体成员分三个大组，全部从三个狭窄的"电网口"中钻过。出现"触电"等任何犯规现象，全组成员必须返回重做。
	珍惜相识缘分，表达感恩与支持	蓝丝带	介绍蓝丝带所代表的信任、支持、欣赏、祝福等寓意，助教向学员献蓝丝带，学生分别向组长和助教献蓝丝带。
	回顾培训经历，表达心灵收获	真情表白	播放两天培训的精彩照片，学员争相上台分享内心的感动和收获。

例 098　企业干部心理拓展活动方案

 **活动对象**

广东省某集团公司中层干部

 **活动主题**

精诚团结　共创辉煌

 **活动目标**

增强团队的信任，强化合作，营造良好的团队氛围，增强干部归属感；激发积极主动的行动力及精神士气，建立团队共识，提升全员斗志；提高心理承受能力，对家庭对单位重承诺负责任，勇于拼搏进取；认同集团发展目标，增强团队凝聚力。

 **时间长度**

共约 20 小时，可分 2 天 1 晚进行。

活动流程

时段	活动目标	活动项目	简要活动内容
第一天上午	打破人际坚冰，初步了解培训	相识相知	介绍活动形式与要求，高声齐唱《幸福拍手歌》，并配以动作。
	初步开放自我，建立小组归属感	分组展示	随机分为4个组，每组选定1名组长，设计各自的组名、小组口号、组歌，分别上台展示。
	进一步开放自我，学会坦然面对压力	牙签接力	每组全体成员成一排站在凳子上，在一定时间内把尽量多的橡皮筋用口中衔着的牙签传到队伍另一端。其他组成员用声音和表情等进行情绪干扰。
第一天下午	体验信念与坚持，高度认同团队	团圆坐走	以小组为单位，每组全体成员侧向围站成一小圈，每人稳坐在后人腿上，坚持一定时间，然后齐步挪动步伐，先前进，再后退。
	学会内省反思，建立团队信任感	信任之旅	每两人结为搭档，先后分别体验盲人和助人者角色，共同走过一段曲折、坎坷的道路。

(续表)

时段	活动目标	活动项目	简要活动内容
第一天晚上	学会换位思考，感恩父母领导	龙游千里	由队友搭建水平云梯，每人从上面艰难地爬过去。
	敢于直面人生，回顾历史，畅想未来	生命线	在纸上描绘自己的人生线段，包括对自己影响最大的几件往事、当前的优势与不足、今后需要面对的重要事件。
第二天上午	学会理解与感恩，拥有真诚与大爱	敞开心扉	相互分享各自的人生经历、成长故事、家庭关系等或荣耀或遗憾的经历与感受。
	挑战突破自我，培养英勇胆魄	高台背摔	以小组为单位，每人自1米多高的台上向后笔直倒下去，其他队友用手臂接住，确保安全。
第二天下午	综合检阅团队力量，体验卓越团队	强渡大河	全体成员踩在不足成员半数的20厘米见方的泡沫垫上，依靠成员互助，艰难到达大河另一岸。
	认同单位发展蓝图，相信明天会更好	描绘蓝图	分组憧憬公司美好未来，然后共同在长布幅上用彩笔描绘公司发展蓝图，完成后呈献给公司领导。
	回顾两天培训经历，表达心灵收获	真情表白	播放两天培训的精彩照片，学员向公司领导汇报两天活动的收获和感受。

例099　心理培训师心理拓展活动方案

 **活动对象**

2012年郑州心博会青少年团体辅导工作坊学员（心理培训师）

 活动主题

以人为本　助人自助

 **活动目标**

了解团体辅导的理念、特点、功能，学习并掌握团体辅导方案的设计与实施，学会一些有趣有效的心理拓展训练活动。

 **时间长度**

共约24小时，可分3天进行。

活动流程

时段	活动目标	活动项目	简要活动内容
第一天	打破人际坚冰，初步了解培训	热身活动	齐唱《相逢是首歌》，简介培训形式与要求。
	初步开放自我，消除人际隔膜，营造轻松愉快氛围	有缘相识	主人与天使 神龙摆尾 生日线 心花怒放
	增强小组归属感、荣誉感	分组展示	各组选定队长，共同设计确定队名、队伍口号、队歌、队形，各组进行风采展示。
	讲解有关青少年团体辅导的总体理念和操作实务知识	知识讲解1	青少年团体辅导概述 青少年团体辅导三层次目标 青少年团体辅导课程的基本特点 青少年团体辅导基本理念 青少年团体辅导实施过程——六阶段 青少年团体辅导主要活动形式 青少年团体辅导主要技术
	在亲身体验热身游戏活动的基础上，学习其设计与操作要务	讲练热身游戏活动	1. 体验青蛙跳水、大西瓜小西瓜、松鼠和大树、大风吹、风雨变奏曲等热身游戏活动。 2. 介绍其他热身游戏活动。 3. 热身游戏活动设计与操作要务。
	在亲身体验交流探索活动的基础上，学习其设计与操作要务	讲练交流探索活动	1. 体验我是谁、我的左手右手、五把金钥匙、生命五样等交流探索活动。 2. 介绍其他交流探索活动。 3. 交流探索活动设计与操作要务。
	快乐地结束第一天培训	今日结束活动	表达团结的手势创意

(续表)

时段	活动目标	活动项目	简要活动内容
第二天	开放身心，让身心重回培训课堂	再热身	手指抓逃 最炫民族风
	亲身体验若干个极富代表性的心理拓展训练项目	心理拓展训练项目体验	带领学员亲身体验解开千千结、牙签接力、交通堵塞、蜈蚣翻身、团圆坐走、人体悬浮、鸡蛋变凤凰、精彩旅程等代表性心理拓展训练活动，并提出相应的操作建议。
	开阔视野，了解常用的心理拓展训练项目	其他心理拓展训练项目	配合图片介绍其他较为常用的心理拓展训练项目，针对学员需要简单演示或体验，并提出相应的操作建议。
	讲解实务知识，总结升华	知识讲解2	介绍、总结心理拓展训练操作要务。
	快乐地结束第二天培训	今日结束活动	我们是团辅一家人
第三天	开放身心，让身心重回培训课堂	再热身	口香糖 幸福拍手歌
	讲解、例析有关青少年团体辅导方案设计的操作实务知识	知识讲解3	青少年团体辅导主题方案的设计流程； 青少年团体辅导活动设计注意事项； 青少年团体辅导各主题活动举例； 青少年团体辅导活动排列组合举例。

（续表）

时段	活动目标	活动项目	简要活动内容
第三天	通过教学录像进行案例分析	教学录像例析	观看张付山某次省级公开课团体辅导教学录像《有你有我》，解析该次团体辅导活动设计与实施中的利弊得失。
	讲练结合，细化团体辅导操作实务，掌握基本的辅导技能技巧	讲练团体辅导操作实务	学校心理健康教育实务要点；学校心理健康教育的多条途径；团体辅导的优势与局限；学员分组方法与小组评价策略；青少年团体辅导中教师角色的把握；青少年团体辅导实施的基本要求；在团体辅导平台上锻炼成长；让团体辅导走出小圈子，服务大社会。
	回顾三天培训经历，表达心灵收获，展望美好未来	结束活动	天使大揭秘 畅谈收获 飞机祝福

例100　青少年夏令营心理拓展活动方案

**活动对象**

10～18岁的青少年

**活动主题**

自由飞翔　快乐成长

**活动目标**

让孩子学会关心别人；在克服困境中建立自信；在团队竞赛中与人合作；在学习过程中积累能力。让您的孩子度过一个精彩的假期，有一次不同寻常的夏令营体验。

时间长度

一周时间。

活动营地

江苏省某国防教育基地

活动流程

时间	主题	时间	项目名称	目标
第一天	"缘"来是你	上午	集合出发，快乐入驻	熟悉环境归属集体；融冰破冰建立信任；有缘结识悉心关照。
		下午	相识相知，组建团队	
		晚上	信任之旅	
第二天	我行我"塑"	上午	军人风采，坐立行走	学习常用交际礼仪；塑造军人雷厉作风；强化信念磨砺毅力。
		下午	队徽队歌，团圆坐走	
		晚上	水枪大战	
第三天	我爱我家	上午	姓名玄机，水平云梯	感受家长龙凤期望；理解父母拳拳爱心；倾诉赤子亲情爱意。
		下午	父母风采，亲情电影	
		晚上	亲情作业	
第四天	黄金自信	上午	差额报数，优点轰炸	宽恕他人解放自己；欣赏他人传递关爱；强化自信勇展风采。
		下午	成长之路，才艺之星	
		晚上	穿越丛林	
第五天	实战考验	上午	实弹射击训练	刚毅坚定果断严谨；众志成城勇闯难关；艰难困苦玉汝于成。
		下午	强渡大渡河	
		晚上	篝火晚会	
第六天	扬帆远航	上午	天使揭秘，盘点收获	历数过程尽显成果；表彰奖励各有所获；家庭团聚再叙温馨。
		下午	快乐返航，幸福回家	

后 记

班级体验式心理拓展活动，是在全面素质教育和新课程改革的背景下，伴随着国外拓展培训的传入和推广，开始在学校心理健康教育活动中出现的新型体验式活动形式。它将德育、心育融入一个个富有挑战性的拓展训练活动当中，让学生在活动中充分体验，在体验中深刻感悟，在感悟中逐步成长，其活动过程之新奇、快乐，其心灵触动之自然、深刻，其产生影响之持久、有效，是其他形式所难达到的。自其在学校心理健康教育领域实践应用之初，就因学生欢迎、班主任支持、领导认可，而显现出强大的生命活力。

笔者应该算是投身学校心理健康教育事业较早的教师之一，1999年在曲阜师范大学教育系毕业后，即开始作为专业心理教师从事基层学校的心理健康教育工作，二十年的历程，我走过了曲折坎坷的探索道路。从最初的侧重个别咨询辅导，到大规模的专题知识讲座，再回归到课堂教学的主战场，从注重知识传授到重视心理能力培养，从突出教师精选细讲到强调学生主体体验，从部分学生演示到全体学生参与，我的个人工作经历也反映了我国学校心理健康教育快速发展过程中的一个又一个时代。

我能够走上体验式心理拓展训练活动这条道路，除了时代及教育背景外，从微观角度来说，我曾工作多年的山东德州跃华学校给了我正确的方向、广阔的舞台。以司家栋为代表的学校领导，率先提出了体验式心理健康教育的设想，提供各种必要的条件，放手让我去探索开拓，并给予巨大支持和细心指导。在先后两项省级规划课题的带动下，我与商燕岭、牟红梅、徐洪洁、王真等同事密切合作，在小学、初中、高中、中职等学段的班级创造性地努力实践这一新型活动形式，搜阅书刊与网络，遍访专家与名师，品尝汗水与泪水，历尽挫折与彷徨，数度否定与变通，终于逐步积累了大量的活动案例，总结出了经验型的活动心得。将之整理成课题研究报告，课题得以顺利通过结题鉴定，并荣获省级教育科研优秀成果奖；将之编撰成数部心理专著，图书得以成功出版发行，并受到全国各地专家及同行的鼓励与认可；将之化为报告讲稿和培训课程，校园内外的多个群体、多家单位也用掌声与心声肯定了其价值。

我当前工作的海南省旅游学校，作为国家中等职业教育改革发展示范学校，提出并积极践行体验式德育、全员德育、文化德育的教育理念，并升级扩建了心理健康体验中心，为我继续开展体验式心理拓展活动提供了较好的政策支持和资源空间，助力于学生相关核心素养的培养与提升。

本书即是在上述实践成果的基础上撰写及修订而成。希望本书能够起到抛砖引玉的作用，读者在此书的参考下，开发出更多更好的心理拓展训练活动，为各自的学生和学校提供更有针对性的心理健康教育服务。

本书得以成功撰写出版发行并再版，要感谢山东德州跃华学校和海南省旅游学校广大师生的支持与配合、领导与同事的指导与奉献；感谢中国名校共同体、深圳爸妈在线心理公司、山东省心理健康教育研究会、海南省中职心理健康教育工作室等多家机构领导和专家的指导与帮助；感谢山东文艺出版社的大力支持。另外，在编写过程中，还参阅和吸收了许多专家和同行的成果，在此一并表示感谢。

由于水平有限，书中问题在所难免，敬请广大读者批评指正。

张付山

2021 年 4 月